D'U

POUVOIR EXÉCUTIF

D A N S

LES GRANDS ÉTATS.

TOME PREMIER.

DU
POUVOIR EXÉCUTIF
DANS
LES GRANDS ÉTATS.

PAR M. NECKER.

And if each syftem in gradation roll,
Alike effential to th' amazing whole;
The leaft confufion but in one, not all
That fyftem only, but the whole muft fall.

POPE, 1.re *Épitre morale.*

TOME PREMIER.

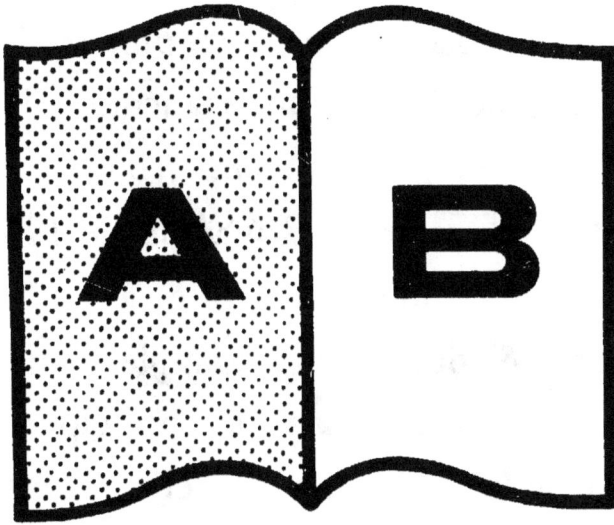

Contraste insuffisant

NF Z 43-120-14

INTRODUCTION.

IL n'eſt pas encore éloigné ce tems, où tous les Peuples de la Terre étoient unis d'intérêt & d'affection, aux projets & aux eſpérances de la Nation Françoiſe; il n'eſt pas encore éloigné ce tems, où l'on imaginoit que le premier Royaume de l'Europe joindroit une nouvelle gloire à ſes hautes deſtinées, & donneroit l'exemple d'une heureuſe régénération dans les principes politiques. On n'avoit pu conſidérer, ſans émotion, les premiers développemens de la liberté publique, chez une Nation célèbre à tant de titres; & de par-tout les regards s'étoient fixés, avec attendriſſement, ſur cette mémorable époque, où un Monarque, héritier d'une Puiſſance, dont les limites étoient inconnues, prenoit la réſolution généreuſe de les fixer lui-même, & où, dédaignant l'ambition d'une autorité ſans bornes, il ſe livroit aux mouvemens d'une ame vertueuse, & cherchoit des garans de tout le bien qu'il vouloit faire.

Les hommes sensibles, les hommes d'une ame élevée, Etrangers ou François, furent présens en esprit à cette grande journée, où l'Auguste Bienfaiteur de la France, environné des Députés qu'il avoit appelés autour de son Trône, concertoit avec eux les moyens d'assurer, pour toujours, la félicité publique. On eût dit, en parcourant à cette époque les divers pays de l'Europe, que les premiers Représentans de la Nation Françoise avoient à acquitter, envers le Roi, la reconnoissance de tous les Peuples; & l'on eût dit aussi qu'ils tenoient en leurs mains, la cause de l'Univers; tant les cœurs s'associoient au succès de leur importante mission. On aimoit encore à voir sortir de l'abaissement ou de l'obscurité, cette nombreuse classe de citoyens, que d'injustes coutumes avoient offensés de tant de manières; & malgré leur ingratitude, l'acte éclatant du Monarque, qui releva leurs droits & leur dignité, conservera son rang dans la mémoire des hommes ; car une grande idée morale, indépendante des événemens, triomphe des faux jugemens, & survit à toutes les passions. L'Europe, dont je retrace en ce moment les divers sentimens, vit avec peine les premiers combats de nos prétentions, & ces rivalités si connues, qui détournoient les Législateurs François d'avancer dans la route ouverte à leurs regards. Cependant, les espérances des étrangers se maintenoient encore, même après cette époque de révolution que les annales de l'Assemblée Nationale ont consacrée. La singularité des circonstances, & une sorte de majesté que les distances ménagent aux grands événemens, en jettant un voile sur les petites causes, soutinrent les opinions au - dehors de la France ; & les déplorables excès, dont les premiers momens de l'insurrection de Paris furent souillés, n'avoient pas encore détruit l'intérêt qu'inspiroit un grand Peuple, marchant vers un grand but, avec toute l'indiscipline des grandes passions. On imaginoit que la générofité paroîtroit après la victoire, & l'on efpéroit que la fageffe accompagneroit & guideroit les triomphes de la force. Avec quelle patience, avec quelle tenue les étrangers n'ont-ils pas excufé les erreurs des François & les fautes de leurs premiers Légiflateurs ! On croyoit toujours que par l'effet d'une dernière penfée, que par le réfultat des difpofitions finales de l'Affemblée Conftituante, l'ordre s'uniroit enfin à la liberté ; & les défiances des efprits fages exiftoient depuis long-tems en France, qu'au-dehors on s'en défendoit encore. La grande maffe des hommes refte long tems attachée à un même fentiment ; c'eft un corps immenfe, qui fe meut tout enfemble, & qui ne peut être guidé ni modifié par des idées compliquées. C'eft donc, après une longue réfiftance, que les Etrangers fe font féparés de notre caufe ; c'eft par une forte de contrainte, qu'ils nous ont retiré leur affection, & c'eft avec une profonde trifteffe qu'ils ont vu leurs vœux déconcertés &

leurs espérances évanouies. Leur intérêt s'est affoibli, leur cœur s'est flétri pour nous, lorsqu'ils ont vu l'accroissement progressif des désordres du Royaume ; lorsqu'ils ont vu la dégradation continuelle des autorités régulières, & lorsqu'ils ont vu les saintes maximes de la liberté servir d'excuse à toutes les tyrannies. Leur intérêt s'est affoibli, leur cœur s'est flétri pour nous, lorsqu'ils ont vu le Peuple, aveuglé par les hypocrites adulations de ceux qui vouloient dominer en son nom ; lorsqu'ils ont vu les timides foiblesses de la vertu, au milieu du Corps Légiflatif, & les insolences du vice ; lorsqu'ils ont vu les basses déférences d'une Assemblée Nationale pour des hommes tellement perdus de réputation par l'histoire de toute leur vie, que, selon les loix des anciennes Républiques, on ne leur eût pas permis d'ouvrir un avis utile. Mais les Etrangers se sont sur-tout éloignés de nous, & avec une sorte de frémissement, lorsqu'ils ont entendu les récits de tant d'injustices,

de tant de duretés, de tant de barbaries, &
que feuls, quelquefois, ils ont prêté l'oreille
aux lamentables cris des victimes. Les hommes honnêtes de tous les pays, les hommes
généreux fe font encore détachés de la
Nation Françoife, lorfqu'ils ont été témoins
de fon ingratitude envers un Monarque,
que cette Nation elle - même avoit défigné, dans fes Faftes, fous le nom glorieux
de *Reftaurateur de la liberté*; lorfqu'ils
ont vu qu'on fe faifoit un honteux plaifir
de froiffer inutilement le cœur du meilleur des Princes, & qu'on l'abandonnoit,
dans fa foibleffe & fon ifolement, aux viles
& lâches infultes des hommes les plus
méprifables, qui rampoient encore, n'aguè-
res, devant les dernières ombres du Pouvoir.
Enfin, un découragement univerfel s'eft
répandu parmi les Nations, lorfqu'elles ont
vu la morale & la Religion devenir le jouet
de notre politique; lorfqu'elles ont apperçu
les efpérances de cette criminelle philofophie, qui, le mafque levé, prétend fubfti-

tuer ſes arides leçons aux doux conſeils de
la piété & aux céleſtes enſeignemens pré-
parés pour notre foibleſſe. Hélas! de toutes
parts aujourd'hui, l'on déſeſpère du bonheur
de la France, & ce ſont ſes meilleurs amis
qui s'abandonnent aux plus lugubres pré-
ſages ; ils voyent arriver le dernier terme
des illuſions ; ils voyent approcher le moment
où l'on verſera des larmes amères ſur la
riche moiſſon qu'on a laiſſé périr, lorſque
la moindre prudence eût ſuffi pour la ſauver.
Vous, qui l'avez voulu de cette maniére,
quels reproches n'avez-vous pas à vous faire !
Ce n'eſt pas ſeulement votre pays , c'eſt
l'Europe entière, qui vous demande un compte
de cette liberté, dont la fortune vous avoit
rendu les dépoſitaires ; de cette liberté, qui,
ſagement dirigée, eût captivé l'amour de
l'Univers entier, & qui, dans vos errantes
mains, eſt devenue un inſtrument d'épou-
vante & un ſignal de terreur. Aveugles &
malheureux guides d'une Nation digne
d'un meilleur ſort, vous avez perdu juſqu'à

ſa renommée! Ah! ſi vous pouviez ſortir un moment de la petite cellule où votre vanité vous renferme, ſi vous pouviez entendre ce qu'on dit aujourd'hui d'un Peuple que vous avez égaré, vos remords ſeroient ſans fin. On dit que ſon eſprit d'imitation, ſupportable dans les modes, ſe change en exagération dans les affaires politiques, & le rend incapable d'obſerver, en aucune choſe, une juſte meſure; on dit que l'aménité de ſes mœurs étoit l'effet de ſa ſoumiſſion, & que ſon véritable caractère eſt maintenant à découvert; on dit enfin qu'il a beſoin d'un maître, & qu'il n'eſt ni digne de la liberté, ni propre à ce genre de bonheur. Tel eſt le langage que l'on tient aujourd'hui dans toute l'Europe, & l'on ne doit point s'en étonner. Cependant, il eſt injuſte d'imputer aux inclinations naturelles du Peuple François, des torts qui appartiennent à un ſyſtême de Gouvernement dont il n'y a jamais eu d'exemple; des torts qui appartiennent à une Conſtitution politique, où l'art ſemble

avoir été prodigué pour amener l'anarchie
& le relâchement de tous les liens. Ainsi,
entre les divers motifs qui doivent engager
à développer les vices de cette Constitution,
on peut avoir pour but de disculper une
grande Nation, en montrant la véritable
cause des désordres de tout genre auxquels
la France est en proie. Je dois être moins
indifférent qu'un autre à une pareille con-·
sidération, moi, qui me suis lié, par tant
d'hommages, à la gloire du nom François;
&, si en essayant de remplir une tâche
dont l'intérêt est si grand à mes yeux, j'annonce mon plan sous le simple titre de
réflexions relatives *au Pouvoir Exécutif*, c'est
que toutes les idées politiques se rapportent, je le crois, à la prudente constitution
de cette force sociale. Tout auroit pris son
cours d'une manière plus ou moins parfaite,
si l'on s'étoit soigneusement occupé d'établir, au milieu de nous, une autorité tutélaire; le tems eût fait le reste, le tems
eût achevé nos nombreux commencemens.

Je n'ai ceffé de rappeler à l'Affemblée Nationale ces vérités fondamentales ; je l'ai fait à tous
les momens, pendant mon Miniftère ; je l'ai fait
encore dans ma retraite ; & je hâtai mon
dernier Ouvrage, afin qu'il précédât le travail de la révifion ; mais on verra comment
nos Légiflateurs, tantôt par infcience, &
tantôt par foibleffe, ont conftamment dé-
tourné leur attention de l'idée qui devoit
être fans ceffe préfente à leur efprit ; on
verra, comment ils ont négligé les précautions réelles, pour fe livrer aveuglément au
culte de quelques maximes ; on verra, comment ils ont mieux aimé le rôle de Grands
Prêtres d'une Secte nouvelle, que les hono-
rables fonctions de Légiflateurs philofophes ;
on verra comment leurs vanités les ont mis
de bonne heure en pleine déviation, &
comment ils ont préféré les applaudiffemens
du Peuple, au bonheur ineftimable de mériter
un jour fes bénédictions. C'eft en leur faifant
juftice, c'eft en les mettant à leur place,
que je fauverai l'honneur de la Nation

Françoise ; car il n'est aucun Peuple dont les mœurs ne fussent absolument changées, s'il étoit reporté tout-à-coup à l'état de liberté naturelle, ou s'il en étoit seulement rapproché par l'affoiblissement des autorités destinées à garantir la discipline sociale. L'envie, la jalousie, le simple dépit des différences de propriétés, ces sentimens contenus dans leur effort, par la puissance des loix, offriroient alors le plus effrayant des spectacles, puisque la liberté se trouveroit réunie à toutes les passions qui donnent la désir d'en abuser. Les barrières qui séparent l'homme civilisé de l'homme sauvage, nous paroissent bien plus fortes qu'elles ne le sont en réalité : posées depuis un tems immémorial, leur vétusté se présente à notre imagination comme un indice de leur vigueur indestructible ; mais il n'en est pas moins vrai, que de simples moralités composent ces barrières, & qu'un ou deux principes, portés à leur extrême, suffiroient pour réunir l'indépendance aux volontés les plus tyranni-

ques, & l'égalité du premier âge à la corruption du fecond. L'oubli du Pouvoir Exécutif, dans une Conftitution politique, peut
amener toute cette confufion, & une faute
de ce genre rappelle ce point noir qui fait
trembler les navigateurs au moment où ils
le découvrent au milieu d'un Ciel encore
azuré; ce point prefque imperceptible d'abord
à la vue ordinaire , & qui, de degrés en
degrés, obfcurcit l'horifon & devient l'avant-
coureur de la plus affreufe tempête.

Je ne fais fi cet Ouvrage pourra fervir
a éclairer utilement les François; ils ne feront,
je le crains, ils ne feront en état d'entendre
la vérité qu'au moment où ils commence-
ront à fortir de l'efclavage dans lequel ils
font tenus par leurs Ecrivains polémiques ;
mais les Etrangers, qui ont confervé la plus
précieufe & la plus honorable des indépen-
dances, la liberté de leurs opinions, m'écou-
teront peut-être ; & c'eft à eux, aujourd'hui,
que je fais hommage de mes penfées, avec
le plus de confiance. Ah! qu'ils repouffent,

pour leur bonheur, les exagérations qui nous ont perdus, & que la fageffe un jour nous vienne d'eux ! Nous avions voulu leur donner des leçons, mais c'eft avec la trompette de la difcorde, & du haut des Tours de Babel, que nous avons répandu nos enfeignemens ; & l'oppofition de nos cœurs, la confufion de nos langues, nous ont également difcrédités. Notre morale & nos vertus auroient été les plus sûrs garans de l'excellence de notre philofophie, comme notre bonheur feroit devenu le plus perfuafif de tous les langages. Il me fouvient du tems, où, en publiant le réfultat de mes longues réflexions fur les Finances de la France, j'écrivois ces paroles : *Oui, Nation généreufe, c'eft à vous que je confacre cet Ouvrage.* Hélas ! qui me l'eût dit, que, dans la révolution d'un fi petit nombre d'années, le moment arriveroit où je ne pourrois plus me fervir des mêmes expreffions, & où j'aurois befoin de tourner mes regards vers d'autres Nations, pour avoir de nouveau le courage de parler de juftice & de

morale ! Ah ! Pourquoi ne m'eft-il pas permis
de dire aujourd'hui ? « C'eft à vous que j'a-
» dreffe cet Ouvrage, à vous, Nation plus
» généreufe encore, depuis que la liberté a
» développé votre caractère, & l'a dégagé
» de toutes fes gênes ; à vous, Nation plus
» généreufe encore, depuis que votre front
» ne porte plus l'empreinte d'aucun joug ; à
» vous, Nation plus généreufe encore, de-
» puis que vous avez fait l'épreuve de vos
» forces, & que vous dictez vous-même les
» Loix auxquelles vous obéiffez ! » Ah ! que
j'aurois tenu ce langage avec délices ! Mon
fentiment exifte encore, mais il me femble
errant, il me femble en exil ; & dans mes
triftes regrets, je ne puis, ni contracter de
nouveaux liens, ni reprendre, même en efpérance, l'idée favorite & l'unique paffion
dont mon ame fut fi long-tems remplie.

DU
POUVOIR EXÉCUTIF
DANS
LES GRANDS ÉTATS.

CHAPITRE PREMIER.

Réflexions générales fur le Pouvoir Exécutif.

LE Pouvoir Exécutif eft la force motrice
d'un Gouvernement; il repréfente, dans le
fyftème politique, cette puiffance myftérieufe
qui, dans l'homme moral, réunit l'action à
la volonté. Telle eft, cependant, la diverfité
de fes rapports, telle eft l'étendue de fon
influence, tel eft fon efpace, pour ainfi dire,
dans l'ordre focial, que la fixation de fes

limites,& la conciliation précise de fes moyens
avec fa deftination , offrent à l'efprit humain
l'un des plus vaftes fujets de réflexion.

L'éminence du Pouvoir Légiflatif, le rang
qu'il occupe dans l'ordonnance générale des
autorités , en impofent davantage à l'imagination ; mais tout eft fimple , néanmoins, dans
la conception première de ce Pouvoir; & fon
exiftence ne dépend d'aucune circonftance extérieure. Les fonctions dont il eft chargé pourroient être remplies par une collection d'hommes honorés de la confiance de leurs Concitoyens, lors même que cette réunion n'auroit
pas été ordonnée, felon les meilleurs principes
& dans le fens le plus parfait. La formation
du Corps Légiflatif ne peut donc pas être
mife au nombre des problêmes politiques, difficiles à réfoudre; & certainement elle n'exige
point, ainfi que l'inftitution du Pouvoir Exécutif, une mefure exacte, une convenance
précife, & dont il foit dangereux de s'écarter.

Il n'importe pas au bonheur, il n'importe
pas à la liberté, que le Corps Légiflatif foit
formé

formé comme aujourd'hui de fept cents
quarante-cinq Députés, plutôt que de fix,
de fept, de huit ou de neuf cents. Il n'importe guères non plus & au bonheur & à
la liberté que l'Affemblée foit compofée de
Députés nommés par chaque Département,
en raifon combinée du nombre des habitans,
de la mefure des contributions & de l'étendue du fol, & non pas en proportion fimplement de la population & des charges
publiques. On pourroit encore fixer à trois
ans, plutôt qu'à deux, la durée de chaque
Légiflature, fans qu'il en réfultât une conféquence importante pour l'avantage du Royaume. L'âge & le degré de propriété, néceffaires pour être éligibles aux Affemblées
Nationales, ne font point non plus des
objets de détermination dont l'exacte précifion intéreffe effentiellement le falut de l'Etat.
Enfin la grande queftion fur la formation
du Corps Légiflatif en une ou en deux
Chambres, cette queftion la plus marquante
de toutes, n'acquiert cependant une véri-

table importance qu'au moment où l'on découvre fes rapports avec le Pouvoir Exécutif; car en la confidérant uniquement dans fes relations avec la confection des loix, on voit aifément qu'on pourroit obvier en partie aux inconvéniens d'une feule Chambre, en prévenant par différens ftatuts la rapidité dangereufe de fes délibérations & de fes décrets.

On peut donc avancer fans légèreté que la conftitution du Pouvoir Exécutif compofe la principale & peut-être l'unique difficulté de tous les fyftêmes de Gouvernement.

Ce Pouvoir, quoique le fecond en apparence dans l'ordonnance politique, y joue le rôle effentiel; & fi par une fiction l'on perfonnifioit pour un moment le Pouvoir Légiflatif & le Pouvoir exécutif, le dernier en parlant de l'autre emprunteroit de l'efclave Athénien ce mot venu jufques à nous: *tout ce que celui-ci vient de dire, je le ferai.*

Les loix en effet ne feroient que des confeils, des maximes plus ou moins fages, fans cette autorité active & vigilante, qui assure leur empire & qui tranfmet à l'adminiftration le mouvement dont elle a befoin. Ce Pouvoir, quand il paffe certaines limites, menace la liberté & peut mettre en danger la Conftitution même ; & lorfqu'on le dépouille des prérogatives qui compofent fa force, il ne peut remplir fon importante deftination, & fa place refte comme vacante au milieu de l'édifice focial.

C'eft donc par l'efficacité de ce Pouvoir & par fa prudente mefure, que l'intention primitive des fociétés politiques eft effentiellement remplie ; & la perfection de fon effence, toute en proportion, toute en équilibre, dérive des combinaifons les plus exactes.

Bien différent néanmoins du Pouvoir Légiflatif, qui peut fe mettre en mouvement dès qu'il eft inftallé, & dès que les hommes appelés à l'exercer font légalement affemblés, on pourroit prefque dire du Pouvoir Exécutif, qu'il n'exifte pas encore lorfqu'il eſt créé ; car ſon influence dépend d'une infinité de moyens abſolument diſtinɛts de ſon inſtitution.

En effet, les loix conſtitutionnelles auroient en vain décrit les fonɛtions du Pouvoir Exécutif, elles auroient en vain ordonné qu'un reſpeɛt général lui ſeroit rendu, elles auroient en vain déterminé que ce Pouvoir ſeroit exercé, ſoit par un Monarque éleɛtif ou héréditaire, ſoit par un Sénat compoſé de tant de perſonnes, éligibles de telle manière ; toutes ces conditions ne donneroient encore ni l'ame ni la vie à ce même Pouvoir ; & tandis que le Corps Légiſlatif, avec des hommes, ou penſeurs ou parleurs, multiplieroit à ſon gré les loix & les décrets, le Pouvoir Exécutif, s'il n'étoit pas inveſti de toutes les prérogatives néceſſaires à ſon autorité & à ſon crédit, eſſayeroit inutilement de faire valoir ſes droits & de remplir ſa deſtination.

Il n'exiſte, ce Pouvoir, que par la réunion de toutes les propriétés morales qui forment son eſſence ; il tire ſa force & des ſecours réels qui lui ſont donnés, & de l'aſſiſtance continuelle de l'habitude & de l'imagination ; il doit avoir ſon autorité raiſonnée & ſon influence magique ; il doit agir comme la nature, & par des moyens viſibles & par un aſcendant inconnu.

Il ne faut point s'étonner de la néceſſité d'un pareil concours ; car il n'eſt rien de ſi extraordinaire dans l'ordre moral que l'obéiſſance d'une Nation à une ſeule loi, n'importe que cette loi ſoit l'expreſſion des volontés d'un homme ou le réſultat des opinions d'une Aſſemblée repréſentative.

Une pareille ſubordination doit frapper d'étonnement les hommes capables de réflexion, ne fût-ce que par ſon oppoſition aux règles générales de l'ordre phyſique, où tout ſe meut en raiſon des maſſes & de leur force attractive.

C'eſt donc une action ſingulière, une idée preſque myſtérieuſe que l'obéiſſance du très-grand nombre au très-petit nombre ; mais nous croyons fimple tout ce qui exifte depuis long-tems dans l'ordre moral, & nous ap-percevons de même, avec toute la diftraction de l'habitude, les plus grands phénomènes de d'Univers.

Aujourd'hui, cependant, que nous avons arrêté toutes les roues de l'ancienne machine politique ; aujourd'hui que nous les avons changées ou déplacées; aujourd'hui que nous voyons, en même-tems, l'ordre par-tout inter-verti, l'obéiffance par-tout combattue, il feroit tems de reconnoître que le mouvement le plus fimple dans fes effets dépend fouvent de l'organifation la plus compofée dans fes refforts, & la plus étonnante dans fes pro-portions.

Le Pouvoir Exécutif a le même but, la même deftination dans tous les Gouverne-mens ; ainfi l'on peut aifément décrire fes fonctions, & les féparer de celles qui appar-tiennent exclufivement au Corps Légiflatif; mais quand on veut compofer ce Pouvoir; quand on veut faire le choix des élémens

propres à conſtituer ſa force ; quand on veut
s'aſſurer d'une action ſans abus, d'un mouvement ſans diſtraction ; & quand on veut
appliquer toutes ces proportions à une grande
rotation, à un eſpace immenſe, on apperçoit
les difficultés d'une pareille théorie ; & l'on
pardonneroit peut-être à l'Aſſemblée Nationale
de les avoir méconnues où d'en avoir diſtrait
ſon attention, ſi tous nos malheurs ; ceux
que nous avons éprouvés, ceux que nous reſ-
ſentons, ceux que nous craignons encore, ne
devoient pas être rapportés à cette première
faute. Nous aurons long-tems à la regretter ;
& pour y trouver un jour quelque remède, il
faut d'abord la connoître dans toute ſon étendue & dans toutes ſes dépendances.

CHAPITRE II.

De la formation du Pouvoir Exécutif, &
réflexions sur la marche suivie à cet égard
par l'Assemblée Nationale de France.

Nous venons de montrer que la formation
du Pouvoir Exécutif étoit la principale &
peut-être l'unique difficulté d'une Constitution politique ; & nous avons rappelé, en
même-tems, que le bien de l'Etat & les
plus grands intérêts d'une Nation dépendoient de la sage & prudente solution de
cette difficulté.

Si donc l'Assemblée Nationale de France,
examinant avec une longue & sérieuse attention une question d'une si haute importance,
se fût cependant méprise dans ses résultats,
& que cherchant à établir le plus parfait
équilibre entre la sûreté de l'ordre public
& le maintien de la liberté, la balance eût

penché par mégarde en ſes mains, on eût
rangé cette foibleſſe au nombre des erreurs
dont le titre de Légiſlateur n'affranchit pas
des hommes. Mais comment pourra-t-elle ſe
juſtifier d'un reproche plus grave, d'un
reproche qui, s'il étoit fondé, répandroit un
grand doute ſur ſa ſcience politique, & pourroit ternir la gloire à laquelle elle aſpire le
plus, celle de l'eſprit & du génie? Oui,
c'eſt ſur les hauteurs où elle s'eſt placée,
c'eſt au milieu des hommages dont ſon ombre
eſt environnée, que j'oſe lui demander compte
d'une faute ou d'une diſtraction, la ſource
des maux & des troubles de la France, &
dont on ne trouve aucun exemple dans l'hiſtoire des légiſlations politiques.

Cette faute, dont les conféquences ont été
ſi grandes, c'eſt d'avoir abſolument oublié
le Pouvoir Exécutif, lorſqu'il étoit tems
encore de s'en occuper; c'eſt de s'être mépriſe ſur ſon eſſence & d'avoir imaginé que
la loi ſuffiſoit pour le créer; c'eſt d'avoir
préſumé de même que, pour avoir un Roi,

il fuffifoit de déclarer fa couronne héréditaire & fa perfonne inviolable & facrée.

Nous jetterons un premier jour fur ces
propofitions, fi nous fuivons quelques momens la marche de nos Légiflateurs, & fi
nous nous reportons d'abord à l'origine de
leurs travaux. Cette direction donnée à nos
réflexions aura d'autant plus de convenance,
que l'Affemblée-Nationale, entrainée par les
attraits de la méthode, ou fe fiant à l'autorité
plénière de fes volontés, a foumis fes penfées à une forte d'hiérarchie, très-propre fans
doute à foulager fa méditation, mais qui
ne pouvoit point s'accorder avec la fituation
parallèle de toutes les idées morales.

Ainfi, donnant la primauté à l'examen &
à la reconnoiffance des droits de l'homme,
l'Affemblée a procédé enfuite au choix & à
l'adoption des articles conftitutionnels de fon
nouveau fyftême politique; &, après avoir
affigné la troifième place dans le rang de
fes travaux à la confection des loix régéné-
ratrices de toutes les parties du Gouverne-

ment, elle a mis en dernière ligne l'inſtitution du Pouvoir Exécutif.

Elle a cru ſans doute que c'étoit-là ſon
rang; mais s'il eſt vrai que dans l'ordre des
actions le Pouvoir Exécutif vienne après le
Pouvoir Légiſlatif, dont il doit faire exécuter les décrets, il n'en eſt pas de même
dans l'ordre des penſées créatrices du ſyſtême
ſocial; il n'en eſt pas de même lorſqu'on ſe
tranſporte au moment où les divers Pouvoirs
doivent être conſtitués, & recevoir les propriétés néceſſaires à leur exiſtence & à leur
durée. Nulle ſuprématie ne peut alors être
admiſe, & puiſque le mouvement, dans un
ſyſtême politique, n'eſt pas en dehors de ce
même ſyſtême, mais inhérent à toutes ſes
parties, c'eſt s'expoſer à devenir l'auteur
d'un ouvrage imparfait, d'un ouvrage caduc
dès ſa naiſſance, que de ſéparer la formation
du Pouvoir Exécutif de toutes les autres
combinaiſons conſtitutionnelles.

Les vents & les ondes n'agiſſent ſur un
vaiſſeau qu'au moment où il eſt achevé, au

moment où les ancres font levées, au moment où les voiles font tendues; mais fi le
conftructeur, en deffinant les diverfes parties
de fon favant édifice, n'avoit pas calculé le
degré de preffion de toutes les forces qui
doivent le mouvoir ou réfifter à fa marche,
le vaiffeau refteroit dans le port & ne pourroit jamais faire route.

C'étoit donc dès le tems où l'Affemblée
Nationale s'occupoit de la Déclaration des
Droits ; c'étoit dès le tems où elle fixoit
les articles conftitutifs de fon fyftême politique qu'elle auroit dû faire les études & les
recherches néceffaires, non-feulement pour
connoître les conditions générales d'où dépendoit la folide existence d'un Pouvoir
Exécutif, mais encore les conditions particulières qu'exigeoit cette inftitution dans un
Royaume tel que la France.

Elle auroit vu d'abord que l'utilité d'un
pareil Pouvoir étoit proportionnée à l'importance de l'ordre public; elle auroit vu
enfuite que le maintien de cet ordre, la

garantie des propriétés , & le vœu commun
des hommes pour jouir en paix du fentiment habituel d'une parfaite sûreté perfonnelle, formoient l'efprit & le but de toutes
les affociations politiques ; & cherchant à
nous affurer tous ces biens , cherchant en
même tems à défendre la liberté contre
l'influence dangereufe des autorités inutiles,
l'Affemblée eût connu de bonne heure le
point de conciliation entre des intérêts oppofés en apparence ; & fixant au moins
fon opinion fur les élémens divers dont le
Pouvoir Exécutif de la France devoit être
compofé, & fur les loix d'équilibre abfolument
néceffaires à l'action du Gouvernement, l'Affemblée auroit eu ce réfultat préfent à fon
efprit dans le cours de fes travaux & de
fes penfées, & dès fes premières démarches
elle en eût apperçu l'application.

Alors , & fi elle avoit jugé qu'il étoit impoffible dans un Royaume de vingt-fix millions d'ames , & avec une Nation ardente
& mobile, de fe préferver des dangers de

l'anarchie en exaltant outre mesure l'imagination du peuple, elle eût évité de lui dire sans aucune utilité réelle, *que les hommes naiſſoient & demeuroient égaux en droits;* elle eût évité ſur-tout de le lui dire en maximes légiſlatives & proverbiales, en maximes faciles à retenir & à tranſmettre; elle eût évité d'égarer encore ſon eſprit en comprenant parmi ces droits, & ſous le nom d'impreſcriptibles, toutes les réſiſtances à l'oppreſſion, idée vague, incertaine & toujours dangereuſe quand l'explication en eſt abandonnée à l'ignorance éternelle de la multitude.

Enfin au moment où l'Aſſemblée Nationale eſt paſſée de la Déclaration des Droits à l'examen des articles conſtitutionnels, elle marchoit au haſard dans cette diſcuſſion, lorſqu'elle n'avoit pris aucune connoiſſance des conditions néceſſaires pour l'établiſſement du Pouvoir Exécutif; lorſqu'elle ignoroit abſolument & comment ces conditions pourroient s'amalgamer à telle ou telle partie des articles conſtitutifs, & comment on

los accorderoit avec le degré mefuré d'autorité que l'Affemblée voudroit confier au
Chef de l'Etat ; ainfi , même le plus fimple
& le plus raifonnable de tous les articles
déclarés conftitutionnels , avoit encore un
rapport avec les queftions préalables que je
viens d'indiquer & dont on ne s'eft jamais
occupé. Appliquons ces obfervations à quelques exemples.

On a mis avec raifon au premier rang
parmi les articles conftitutionnels , *que le
Gouvernement François étoit Monarchique.*
Je fuis loin de penfer que l'Affemblée Nationale auroit eu le droit & le pouvoir de
changer une difpofition fondamentale , confacrée dans toutes les inftructions & revê-
tue du fceau de l'opinion publique ; mais
confidérant ici cette queftion d'une manière fpéculative , & fuppofant l'Affemblée
Nationale inveftie , comme elle l'a prétendu ,
d'une faculté illimitée de tout détruire & de
tout réédifier , n'auroit-elle pas agi prudem-
ment , fi ayant de déclarer *Monarchique*

le Gouvernement François, elle se fût enquise du degré de considération, d'ascendant & d'autorité qu'il étoit nécessaire d'assurer au Monarque, pour le mettre en état de remplir les fonctions du Pouvoir Exécutif, dans un Royaume tel que la France ; car en admettant que cette recherche & cette connoissance lui eussent inspiré des craintes sur l'étendue des moyens dont un homme seul deviendroit dépositaire, obligée cependant d'assurer & l'ordre public & la défense de l'Etat & l'action générale de l'administration, elle auroit été amenée à considérer, si ses alarmes, bien ou mal fondées, devoient ou non l'engager à préférer au Gouvernement Monarchique le Gouvernement Républicain, & de cette manière elle n'auroit pas conduit elle - même une partie de la Nation à traiter, encore à présent, une question qui devoit être placée la première dans l'ordre des discussions politiques.

L'hérédité du Trône n'étoit pas non plus

sans

fans relation avec la conſtitution du Pouvoir
Exécutif & avec le degré de force qu'il
feroit néceſſaire de lui attribuer; car ſi cette
hérédité ſemble, au premier aſpect, un ſujet
d'ombrage & un motif pour réduire l'autorité du Monarque, cette même condition
qui foumet au haſard les qualités du Prince,
& l'influence attachée à ſa conſidération
perfonnelle, entraîne la néceſſité de fonder
l'autorité Royale ſur des prérogatives réelles, ſur des prérogatives ſuffiſantes pour
fuppléer à l'affoibliſſement inévitable des fentimens de reſpect, lorſque, dans le cours
des nombreufes chances de la nature, le
tems amène fur le Trône un Prince dénué
des divers dons qui en impofent aux hommes.

Je jette encore un coup-d'œil fur d'autres
articles conſtitutionnels. L'Aſſemblée Nationale en déterminant d'abord, tacitement &
enfuite d'une manière formelle, l'indiviſibilité
du Royaume, ne pouvoit fe former, à cet
égard, une opinion parfaitement éclairée,
avant d'avoir approfondi, avant d'avoir par-

couru du moins la question du Pouvoir Exécutif; car l'indivisibilité du Royaume étant une
proscription du Gouvernement fédératif, l'Assemblée s'engageoit ainsi à investir le Monarque de l'autorité nécessaire pour gouverner,
d'un centre unique, un immense Royaume; &
les dangers ou les inconvéniens de cette
autorité, devoient entrer à tems en ligne de
compte dans la délibération décisive de l'Assemblée Nationale.

Il n'étoit pas indifférent, aussi, que l'Assemblée Nationale s'occupât des difficultés
attachées à la composition du Pouvoir Exécutif, avant de décréter constitutionnellement
la formation du Corps Législatif en une seule
Chambre; car si elle avoit reconnu qu'entre
les divers moyens propres à constituer ce
Pouvoir, l'un des plus convenables, & l'un
des plus doux, étoit la conservation du respect irréfléchi, du respect d'instinct & d'habitude que le peuple de tous les pays rend
au Chef de l'Etat, l'Assemblée auroit, sans
doute, examiné comment ce genre de res-

pe& pourroit se souten'r sans aucune gradation de rang , & cette recherche morale
& philosophique n'auroit pas été étrangère
à la délibération sur la réunion du Corps
Législatif en une seule Chambre.

L'Assemblée Nationale , en décrétant aussi
constitutionnellement la permanence des Législatures , sans leur imposer l'obligation d'aucune interruption de séances , ne pouvoit
être sûre de la convenance de cette disposition , dès qu'elle négligeoit d'examiner , en
même tems, s'il existoit des moyens propres
à balancer l'affoiblissement inévitable de la
considération d'un Monarque , placé continuellement en présence d'un Corps nombreux & puissant , vers lequel toutes les
espérances , toutes les craintes & tous les
regards seroient sans cesse tournés.

Il me seroit encore aisé de montrer comment la grande question du Pouvoir Exécutif avoit également une relation directe
avec les autres articles constitutionnels, décré-
tés au mois de Septembre 1789 , mais

C ij

il seroit superflu d'étendre plus loin ces
réflexions.

On remarquera d'ailleurs, avec plus d'é-
tonnement encore, la conduite de l'Affemblée Nationale, à l'époque où les articles
fondamentaux de la Conſtitution furent arrê-
tés. Il étoit naturel de préſumer qu'après
avoir abſolument oublié la formation du
Pouvoir Exécutif dans les diſcuſſions qui
précédèrent l'adoption de ces divers articles,
l'Affemblée s'en occuperoit au moins d'une
manière générale, avant de ſe livrer aux travaux de la Légiſlation ; mais loin de le faire,
loin de chercher, au moins, à fixer ſes idées
ſur les prérogatives abſolument néceſſaires au
Chef ſuprême du Gouvernement, elle ſuivit
une marche tout-à-fait propre à l'égarer.
Elle avoit diviſé l'examen & la préparation
de toutes les loix d'adminiſtration entre ſes
divers Comités, qui, chacun dans ſon
département, firent la part du Monarque
à leur volonté. Ils la firent ſans penſer, le
plus ſouvent, à ſe raccorder préalablement

avec le Comité de Conſtitution, ſans s'infor-
mer s'il avoit ou non un plan général pour
la compoſition du Pouvoir exécutif, & de
quelle manière chaque partie de l'adminiſtration devoit y concourir. Les divers Comités encore, avant de faire leurs rapports
à l'Aſſemblée, ne s'enquéroient point ſi les
membres du Comité de Conſtitution aſſiſte--
roient à la ſéance, & jamais l'Aſſemblée n'a
ſongé à demander à ce Comité principal ſon
avis ſur les réformes que tous les autres
Comités propoſoient, à leur guiſe, & toujours
en réduction des anciennes prérogatives du
Monarque ; auſſi le Pouvoir exécutif, en
réſultat, s'eſt-il trouvé compoſé de la partie
de ces prérogatives, échappée à la deſtruction
des divers Comités de l'Aſſemblée Nationale,
qui délibéroient & agiſſoient tous ſéparément
& ſans aucune eſpèce de concert.

Ainſi le Comité des affaires eccléſiaſtiques,
guidé par l'opinion que le peuple eſt en
état de bien choiſir les Evéques & les Curés,
ne réſerve aucune part au Roi dans ces élec-

tions, ni même aucun droit de confentement ou d'approbation. Le Comité de judi-
cature adopte la même idée pour la nomination des Juges civils & criminels, & fes
plans font formés fuivant ce principe. Le
Comité des contributions croit que le choix
des Agens du fifc fera mieux fait s'il eft fixé
par une promotion invariable, & il exclut
comme inutile toute influence & toute nomination libre de la part du Gouvernement.
Le Comité militaire en établiffant auffi, pour
l'avancement des Officiers de l'armée, des
règles auxquelles le Monarque doit être
rigoureufement aftreint, lui ménage cependant une petite part dans les nominations ;
& ce n'eft pas en fouvenir de la confidération néceffaire au Pouvoir Exécutif, mais
afin d'ouvrir aux talens diftingués une efpérance indépendante des règles de l'ancienneté. Le Comité de marine fuit à peu-près
les mêmes principes ; mais pour la Gendarmerie nationale où l'on ne croit aucune
exception néceffaire, l'on refferre encore

davantage la prérogative Royale. Le Comité
des Penſions , perſuadé que les graces de
tout genre ſeront diſtribuées plus régulière-
ment par l'Aſſemblée Nationale que par le
Gouvernement, étend ce principe juſques à
interdire au Roi la faculté de donner cent
francs de gratification ſans le conſentement
du Corps Légiſlatif. Enfin le Comité de Conſtitution lui-même , lorſqu'il s'eſt occupé de
l'organiſation particulière des Départemens ,
des Diſtriéts & des Municipalités , a oublié ,
comme un autre , la néceſſité de ménager
au Pouvoir Exécutif quelque moyen d'influence & de conſidération , & ne lui a
réſervé aucune part dans les nominations
des perſonnes appellées à exercer dans l'intérieur du Royaume les fonctions de police
& d'adminiſtration , à diriger les contributions, à les répartir, à les recouvrer &
à veiller ſur toutes les parties de l'ordre public. L'organiſation des Gardes Nationales
a été réglée de la même manière , & je
pourrois étendre ces exemples encore plus

loin ; mais c'en eſt aſſez pour montrer que chaque Comité, ne ſongeant qu'à l'objet d'adminiſtration dont il devoit former le plan, ne s'eſt jamais occupé de la part qu'il falloit faire au Pouvoir Exécutif, pour l'environner de la conſidération néceſſaire à ſon exiſtence. Les Comités n'avoient pas reçu cette miſſion de l'Aſſemblée ; ainſi on ne peut leur reprocher la conduite qu'ils ont tenue : comment d'ailleurs auroient-ils apperçu d'euxmêmes le degré d'influence qu'ils devoient conſerver au Monarque ? Ils dirigeoient chacun ſéparément leur travail, & nul d'eux n'auroit pu déterminer dans quelle meſure il devoit concourir à la formation du Pouvoir Exécutif ; ils ont regardé ce Pouvoir comme une faculté ſurnaturelle & préexiſtante, contre laquelle chacun, indifféremment & ſans règle, étoit appellé à ſe ſoulever; tandis qu'en réalité le Pouvoir Exécutif, au milieu de la deſtruction complette du Gouvernement, devoit recevoir le mouvement & la vie, des moyens d'influence & d'aſcendant qui lui feroient ménagés ; & ces moyens dépendoient de la manière dont on feroit paroître l'autorité du Roi dans chaque partie de l'adminiſtration publique.

Ce n'étoit ni aux divers Comités de l'Aſſemblée Nationale, ni à aucun de ſes Députés en particulier, que l'appréciation des meſures néceſſaires pour l'inſtitution du Pouvoir Exécutif devoit être confiée ; une ſi grande diſcuſſion appartenoit à l'Aſſemblée elle-même ; & non-ſeulement cet examen auroit dû précéder tous les travaux de la Légiſlation, mais il méritoit encore d'être approfondi concurremment avec la détermination des principaux articles de la Conſtitution.

L'Aſſemblée détruiſant de fond en comble toutes les obligations, tous les principes, tous les uſages, toutes les habitudes & tous les genres de reſpect qui avoient élevé & ſoutenu le Pouvoir Exécutif, ſous le Gouvernement précédent, il n'étoit plus ſuffiſant de déclarer que ce Pouvoir-réſideroit dans les mains du Monarque : il falloit, après une mûre méditation, & à l'aide de tous les genres d'efprit, former le tableau des prérogatives néceffaires pour donner au Roi le moyen d'exercer l'augufte fonction qui lui étoit confiée ; il falloit, en préfence, pour ainfi dire, de l'ordre public & de la liberté, étudier foigneufement le point de conciliation entre deux intérêts également chéris, & s'efforcer d'atteindre par la réflexion à cette mefure, à cette proportion, qui peuvent échapper aux vagues recherches des efprits fyftématiques, mais dont le difcernement eft réfervé au calme de la raifon ou aux regards du génie.

Cette formation raifonnée du Pouvoir deftiné à maintenir, fans ufurpation, l'ordre public & l'obfervation des loix, cette formation grande par fon objet & par fa néceffité, auroit pu élever la penfée vers ce moment où le Souverain auteur de la nature, après avoir créé l'homme, eut à déterminer, dans fa profonde fageffe, le degré de force & d'action qu'il devoit unir au premier de fes dons, au don de la liberté.

L'Affemblée Nationale ayant une fois fixé fon opinion fur le choix des moyens nécef-faires pour affurer au Pouvoir Exécutif l'af-cendant & la confidération qui devoient com-pofer fon effence, chacun des Comités, loin d'imaginer que ce Pouvoir avoit fon com-plément par la feule volonté de la loi , loin d'imaginer que ce Pouvoir étoit déjà trop grand lorfqu'il n'exiftoit pas encore , auroit rapproché des principes établis par l'Affem-blée Nationale , la Conftitution de la partie d'adminiftration générale dont le travail lui avoit été confié ; & de cette manière le Pou-voir Exécutif auroit été formé , non pas au hafard & fans aucun fyftême , mais par un plan fuivi , & modelé fur le premier réfultat des penfées du Légiflateur.

Ainfi, que l'on foit divifé d'opinion, 'fi l'on veut, fur l'infuffifance du Pouvoir Exécutif, tel qu'il s'eft trouvé compofé par le concours fortuit des idées particulières de chaque Co-mité , tel qu'il s'eft trouvé compofé par le réfultat de la Légiflation qu'ils ont faite ,

chacun à part, de toutes les parties essentielles de l'administration publique, il ne
sera pas moins certain que l'Assemblée Nationale s'est écartée de la marche dont ses
fonctions lui imposoient la loi ; il ne sera
pas moins incontestable qu'elle a commencé
les travaux de la Législation, sans s'être formé aucun plan des moyens nécessaires pour
composer le Pouvoir Exécutif, & que privée
ainsi de la faculté du juger, dans leur ensemble, des prérogatives nécessaires à l'essence
de ce Pouvoir, elle a dû écouter, comme
elle l'a fait, les rapports de ses Comités, sans
être en état de connoître s'ils avoient eu
raison ou s'ils avoient eu tort d'écarter,
autant qu'il leur étoit possible, l'influence du
Monarque dans les nominations aux divers
emplois de l'Eglise, de l'Armée, de la Flotte,
de la Police, de la Magistrature, des Finances
& de l'Administration.

L'Assemblée & les Comités se sont ainsi
vus contraints à prendre pour guide une
maxime de Montesquieu, développée pa

Rousseau dans le Contrat Social, c'est que *le peuple doit faire par lui-même tout ce qu'il peut bien faire, & ce qu'il ne peut pas bien faire il faut qu'il le fasse faire par ses Ministres ;* mais l'un & l'autre de ces Philosophes parloient expressément des Démocraties, & dans ces sortes de Gouvernemens mêmes un pareil principe ne peut être admis d'une manière absolue. Une Démocratie ne sauroit se passer non plus d'un Pouvoir exécutif ; & pour le former, ce Pouvoir, il faut bien l'investir des prérogatives qui peuvent lui assurer le degré de considération nécessaire pour être respecté ; & comme les Démocraties pures n'existent & ne peuvent exister que dans les petits Etats, l'opinion publique y assiste de si près le Pouvoir exécutif, qu'il peut, avec de foibles moyens, maintenir l'ordre public & remplir sa destination. Mais, appliquer à un Royaume tel que la France la maxime de Montesquieu, c'est une des grandes fautes que puisse commettre un Législateur.

Certainement, si dans une Constitution
politique, on avoit imaginé le Pouvoir exécutif, pour le délassement ou les menus plai-
sirs de celui qui doit l'exercer, on auroit
bien fait de le composer uniquement des
prérogatives qui auroient été délaissées par
le Peuple ; car toute préférence appartenoit
à la Nation, ou en raison de sa souveraineté, ou en raison de l'immensité représentée
par son existence collective. Mais une distribution absolument inverse deviendroit raisonnable, si l'on considéroit le Pouvoir exécutif comme la pierre de l'angle de toutes
les sociétés politiques, si on le considéroit,
ainsi qu'on le doit faire, comme le protecteur, le garant de l'ordre public, comme
le mobile de l'Administration générale. Alors,
au nom du bien de l'Etat, au nom de l'intérêt national, il faudroit commencer par
examiner, connoître & régler la mesure des
prérogatives nécessaires pour rendre ce Pouvoir habile à remplir sa destination ; & après
les avoir fixées avec la défiance qu'inspire

l'amour de la liberté, tout l'excédant, s'il m'eſt permis de parler ainſi, compoſeroit la part du Peuple dans les élections & dans les autres aſſociations indirectes à l'adminiſtration générale. C'eſt d'une autorité inutile qu'il doit concevoir de l'ombrage, jamais de celle qui eſt inſtituée pour ſon propre avantage. Voilà ce qu'on auroit dû lui dire, & ce qu'il auroit entendu, ſi l'on n'avoit pas été plus occupé de lui plaire que de le ſervir, & ſi l'on n'avoit pas voulu que les dépouilles du Pouvoir Exécutif fuſſent conſacrées à le ſéduire.

Cependant les intérêts particuliers, les projets perſonnels, la marche obſcure de l'intrigue, les manières hardies de l'ambition dévoilée, la folle paſſion des nouveaux ſyſtêmes & la chevalerie errante de la métaphyſique, toutes ces ligues contre la ſaine raiſon, tantôt unies & tantôt ſéparées, n'auroient eu qu'un pouvoir limité ſur la maſſe des bons eſprits & des cœurs droits, ſi l'Aſſemblée Nationale, par une diſcuſſion préliminaire,

s'étoit mise en état de connoître & de déterminer, avant le commencement de la Législation, le degré de force qu'il étoit nécessaire
d'accorder au Pouvoir Exécutif pour constituer
son essence. Elle auroit eu alors une instruction propre à lui servir de guide, elle auroit
eu une sorte de modèle avec lequel elle se
feroit constamment raccordée, & certainement
elle n'auroit jamais consenti à composer ce
Pouvoir de prérogatives éparses, ouvrage ab-
solu du hasard. Alors aussi les Directeurs de
cette Assemblée, ces guides si hautains & si
impérieux, n'auroient pas eu la témérité d'imaginer que le Pouvoir Exécutif, au milieu d'un
Royaume tel que la France, se créeroit à leur
seule volonté, à leur seule parole; & dans
un moment de modestie, ils auroient pensé
peut-être qu'il n'appartenoit pas à des hommes
de dire au paralytique, *surge & ambula*, lève-
toi & marche.

CHAPITRE

CHAPITRE III.

De quelle manière la question du Pouvoir Exécutif auroit pu être traitée à l'Assemblée Nationale.

Dans les grandes affaires, & même dans les divers exercices de la pensée, les questions les plus difficiles à déterminer sont celles où l'esprit doit poser des limites, & tracer avec justesse une ligne de démarcation entre des principes qui se combattent. Il est des problêmes politiques de la plus haute importance, où cette difficulté n'existe point. Ainsi, la distribution des Pouvoirs, leur séparation, la composition du Corps Législatif, toutes ces dispositions politiques & plusieurs autres exigent, sans doute, des vues justes & un regard étendu ; mais il faut un genre d'esprit de plus pour la solution des questions que je viens de désigner, & dans le nombre,

aucune, fans exception, ne préfente autant
de degrés à parcourir, autant d'incertitudes
à fixer, que le choix prudent & réfléchi des
moyens néceffaires pour donner au Pouvoir
Exécutif l'action dont il a befoin, & pour
remplir ce but, fans offenfer & fans mettre
en péril la liberté politique. La tâche eft
difficile, & l'on ne peut y fuffire, ni par cette
force de raifonnement, qui de propofitions
en propofitions s'élève à la vérité, ni par
cet efprit métaphyfique, qui l'atteint quelquefois dans fon vol plus rapide; c'eft vers un
terme mobile que la penfée eft appelée; c'eft
vers un but, fignalé de diverfes manières,
qu'elle doit diriger fa marche. Elle a des
forces incertaines à calculer, des oppofitions
apparentes à concilier, des limites vagues à
fixer, & le fyftême général de proportion
qu'elle doit obferver, dépend d'une infinité
de combinaifons & de rapports. Il faut
donc une réunion de divers genres d'efprit
pour organifer convenablement le Pouvoir
Exécutif dans un grand Empire, fur-tout lorf-

que les bafes anciennes ont été renverfées ;
& lorfque le terrain fur lequel elles repo-
foient, remué dans tous les fens, n'indique
plus aucune trace d'édifice.

Tout fembloit donc avertir l'Affemblée
Nationale qu'elle avoit befoin de chercher
un modèle, non pour s'y conformer fervi-
lement, mais pour fixer fes idées au milieu
du vide immenfe dont fon génie def-
tructeur l'avoit environnée. Ce modèle étoit
placé près d'elle, & c'eft notre malheur ;
car s'il n'eût pas exifté fur les rives de la
Tamife, & qu'il nous eût été tranfmis fimplement par de vieilles traditions, extraites
du Chinois ou de l'Arabe, & trouvées par
hafard dans un bibliothèque, ou myftérieu-
fement confiées aux Chefs de nos Légiflateurs,
leur amour propre inventeur auroit mis en
doute, peut-être, fi ce n'étoit pas créer des
idées que de les prendre au bout du monde,
ou dans le vieux tems, & nous aurions
aujourd'hui le Gouvernement des Anglois
perfectionné, Gouvernement plus libre que

le nôtre en son état présent, & sûrement
plus heureux. Nous aurions eu, au moins,
un Pouvoir Exécutif en état de maintenir
l'ordre public, sans exciter aucun ombrage
sur le maintien de la Constitution; & comme
l'opinion de la Nation auroit pu être dirigée
avec plus de facilité vers des idées sages &
éprouvées, que vers des systêmes exagérés
& sans modèle, le plus parfait contentement
du moment présent se fût réuni à la certitude de sa durée, & la paix générale en eût
été le premier présage. Ah! que de grands
événemens tiennent à de petites causes! cette
vérité commune n'eût jamais une application
plus réelle & plus importante, que dans la
circonstance politique où nous nous sommes
trouvés & où nous nous trouvons encore.

Je ramène l'attention vers le Pouvoir Exécutif, vers cette partie de la Constitution
qui s'unit cependant à toutes les autres.
Voici comment l'exemple de l'Angleterre auroit pu diriger, ce me semble, la méditation des Législateurs de la France. Ils avoient

à combiner, à organiſer un Pouvoir, le
garant de l'ordre public, le principe de toute
l'action d'un Gouvernement ; & puiſque la
prudence ne leur permettoit pas de prendre
pour ſeuls guides, dans une diſpoſition ſi
grave, de ſimples preſſentimens, de ſimples
conjectures, ils devoient chercher à acquérir une connoiſſance exacte de tous les élémens qui compoſent ce Pouvoir, dans la
Monarchie la plus tempérée de l'Europe ;
& informés, comme ils auroient pu l'être en
même tems, que le Gouvernement Anglois,
avec toutes ſes prérogatives, n'a des moyens
qu'au plus juſte & preſqu'à fleur de corde,
s'il eſt permis de s'exprimer ainſi, pour
entretenir l'ordre & prévenir les abus de la
liberté, ils auroient été conduits naturellement à raccorder au moins leurs idées avec
des obſervations ſi inſtructives. Avertis, en
effet, par cent années d'expérience d'un
Peuple voiſin, qu'il falloit chez une Nation
libre, une telle réunion de moyens & de
prérogatives pour aſſurer l'action du Pouvoir

Exécutif, fi quelques parties de cet enfemble leur avoient préfenté des inconvéniens,
leur avoient donné de l'ombrage, ils auroient
pu les remplacer d'une autre manière ; mais
fûrs d'un objet de comparaifon, & l'ayant
toujours préfent à leur penfée, même en
s'en écartant, ils n'auroient pu s'égarer.

Voilà, ce me femble, quelle eût été la
marche la plus fimple, & celle qu'auroit
fûrement confeillée aux Légiflateurs de la
France, non pas la vanité, non pas un
amour-propre d'auteur, non pas une pré-
fomptueufe confiance, mais ce gros bon fens,
devant lequel je m'agenouille chaque jour
avec plus de refpect, en voyant combien,
dans toutes les affaires, nous payons chère-
ment le mépris qu'on a pour lui, ou les
dédains qu'on lui témoigne. Ah ! vous qui
le croyez placé fi bas, vous, nos grands
métaphyficiens, vous l'auriez rencontré peut-
être, fi, en promenant l'Affemblée dans votre
cercle aërien, vous aviez pu donner à votre
char ailé un degré d'afcenfion de plus.

Une grande queſtion devoit, ſans doute,
être traitée, en cherchant une inſtruction
dans l'examen des divers élémens qui. compoſent le Pouvoir Exécutif d'Angleterre : il
étoit raiſonnable de conſidérer ſi le degré
de force dont on avoit inveſti ce Pouvoir,
avoit porté quelque atteinte à la liberté
publique ; & ſuppoſant pour un moment
qu'on eût été conduit à cette opinion, l'on
eût cherché à ſe garantir d'un pareil danger ; mais à aucune condition l'on n'auroit
abandonné la ſûreté de l'ordre public & la
tranquillité intérieure, biens précieux, biens
ineſtimables, & dont les hommes ont voulu
s'aſſurer la jouiſſance, lorſqu'ils ont renoncé
à leur indépendance individuelle, pour ſe
réunir en ſociété.

On auroit vu, néanmoins, en étudiant
l'hiſtoire d'Angleterre, depuis la révolution
de 1688, on auroit vu que la Conſtitution nationale, reſpectueuſement maintenue, n'avoit éprouvé aucune altération importante, & que la liberté politique éto

reftée inaltérable fous la garde de tous les Pouvoirs; vérités effentielles, & que je développerai plus particulièrement.

Quel aide, quel fecours nous eût offert l'expérience, fi nous avions voulu la confulter! c'eft elle, cependant, je ne puis trop le dire, c'eft elle qui nous préfente l'extrait des lumières de tous les hommes & de tous les tems, & qui en tournant fans ceffe fon fufeau autour des idées les plus fines & les plus imperceptibles dans leur origine, leur donne enfin toute la confiftance néceffaire pour notre ufage ; mais alors, malheureufement, elles prennent le nom de maximes communes, & nous commençons à les méprifer. Le moment arrive cependant, où, après avoir défait nous-mêmes indifcrètement le lien qui les raffemble, nous retrouvons, dans leur compofition, tous les efprits & toutes les penfées.

Je me propofe, dans les chapitres fuivans, de former un parallèle entre l'organifation du Pouvoir Exécutif en Angleterre, & les

élémens divers qui compofent aujourd'hui
ce même Pouvoir parmi nous : cette comparaifon ne fervira pas feulement à montrer
évidemment l'extrême foibleffe de l'autorité
qui doit veiller, en France, au maintien de
l'ordre public ; elle me conduira, de plus, à
juftifier naturellement ce que j'ai dit, dans le
commencement de cet ouvrage, fur l'union
intime qui exifte entre la formation du Pouvoir Exécutif, confidérée dans tous fes rapports, & les diverfes loix conftitutionnelles
d'une Nation. C'eft, je le crois, en appliquant
les idées générales à des objets réels, qu'elles
deviennent plus inftrudives, ou qu'elles font
du moins plus aifément conçues.

CHAPITRE IV.

Compofition du Pouvoir Légiflatif.

ON ne peut arrêter aujourd'hui fes regards fur l'état politique de la France & de l'Angleterre, fans être frappé d'une grande vérité; c'eft que, dans l'un des deux pays, avec la plus parfaite liberté civile & politique, on a fu, d'une main habile, entretenir l'harmonie fociale, protéger l'ordre public & affurer l'action du Gouvernement; & que dans l'autre, indifcrètement, on a mis en péril tous ces biens, on les a tous livrés au hafard.

Cette propofition mérite d'être confidérée fous différens rapports, & pour la développer, j'examinerai plufieurs parties du fyftême civil & politique des deux Royaumes; je montrerai leur connexion avec la conftitution du Pouvoir Exécutif, & je ferai con-

noître en même tems les relations de ce Pou-
'voir avec l'ordre & la liberté, avec l'ordre &
l'égalité. Je me refferrerai dans les vues principales ; & laissant aux hommes d'esprit la
place dûe à leurs réflexions, je m'attacherai,
sur-tout, à cette méthode qui sert à former
un lien entre les opinions incertaines.

Je fixerai d'abord l'attention sur la composition du Pouvoir Législatif, ce commencement
de l'ordonnance sociale.

Chacun sait qu'en Angleterre le Corps Légiflatif, sous le nom de *Parlement*, est formé
de deux Chambres ; la réunion de leurs vœux
conftitue la loi, & cette loi reçoit son com-
plément par l'adhésion du Monarque.

Chacun sait aussi que l'une de ces deux
sections du Corps Législatif, sous la dénomination de *Chambre des Communes*, est composée de Députés élus par la Nation, & que l'autre,
sous la dénomination de *Chambre Haute*, est
compofée des Pairs du Royaume, dignité héréditaire & d'investiture Royale.

On apperçoit d'un coup - d'œil la majefté

d'un Corps Légiſlatif, conſtitué de cette manière, & l'aſcendant qu'il doit avoir ſur l'opinion publique, ſur cette opinion, non pas telle qu'on veut la faire, à l'aide des idées factices ou des ſentimens contraints; mais ſur cette opinion, comme elle exiſte, & comme elle doit exiſter dans nos pays de l'Europe, & au milieu des circonſtances immuables qui nous régiſſent.

La Chambre des Communes, de même que toutes les Aſſemblées électives, repréſente ou figure du moins le vœu général, vœu mobile par ſa généralité même, & par les élémens paſſionnés dont cette généralité ſe compoſe. Une telle ſection du Corps Légiſlatif, la plus puiſſante en nombre, en crédit, en énergie, ſe trouve donc placée ſagement près d'une autre ſection, qui, moins nombreuſe, mais ſtable dans ſon état & dans ſes fonctions, repréſente ainſi plus particulièrement l'intérêt conſtant du Royaume.

Il y a donc un caractère d'harmonie, & quelque choſe encore de compact & d'aſfermi dans la réunion de ces deux Chambres ; & l'on voit comment elles se prêtent une mutuelle affistance pour obtenir la confidération dont un Corps Légiflatif ne fauroit se paffer, & comment elles acquièrent enfemble la force néceffaire pour défendre la raifon contre les entreprifes des efprits inquiets & les incurfions des mauvais génies.

Il n'en eft pas de même d'un Corps Légiflatif, compofé, comme en France, d'une Chambre unique : elle devient bientôt l'objet & le point de mire de toutes les paffions ; chacun étant averti qu'il fuffit d'une feule majorité d'opinions pour décider des plus grands intérêts de l'Empire, les combinaifons extérieures fe forment ; les fociétés particulières, les clubs politiques, en préparent le fuccès ; & ils ne tardent pas à s'inftruire dans l'art de diriger une Affemblée délibérante, dans l'art de la mettre en mouvement, & par des intrigues, & par de faux bruits, & par des écrits alarmans, & par tous les autres gen-

res de domination. Toutes ces manœuvres
seroient déjouées fi le fuffrage de deux Chambres étoit néceffaire pour la confection des
loix ; l'efprit de faction cefferoit alors d'être
encouragé , & les caufes d'une infinité de
défordres n'exifteroient plus. La morale gagne-
roit encore, d'une autre manière, à ce changement ; car fon autorité eft entièrement
perdue , lorfqu'une grande partie de la Nation
eft détournée d'une vie domeftique & labo-
rieufe, pour fe livrer, fans mefure, aux
paffions politiques & aux divers complots
dont ces paffions donnent l'idée.

L'Affemblée Nationale croit régner feule
lorfqu'elle eft feule Légiflatrice ; mais con-
noît-elle la part qu'elle eft obligée de faire
à fes affociés inconftitutionnels ? Cette part
eft incalculable ; car il n'eft pas rare aux
hommes qui parlent de peur, ou qui agiffent d'imitation, d'aller au-delà des opinions
de leurs dominateurs, afin de fe donner, par
cette exagération, un caractère de volonté
libre. La Chambre des Communes d'Angle-

terre aimeroit mieux avoir à se concilier avec
deux Chambres Hautes, que d'exister sous
le joug où l'Assemblée de France se trouve
placée. Il est terrible, le joug qui ne vous
laisse pas seulement l'indépendance de vos
opinions & la franchise de vos pensées ; &
je ne sais quelle autorité peut être désirable
à de pareilles conditions, je ne sais quelle
dignité civile peut être honorable à ce prix.

N'en doutons point, il existe en France
deux sections Législatives, mais deux sections organisées de la manière la plus mons-
trueuse ; l'une est l'Assemblée Nationale ;
l'autre, cette réunion de sociétés politiques
avec lesquelles on l'oblige de se raccorder ;
& l'on se tromperoit si l'on imaginoit qu'en
détruisant ces sociétés le mal seroit entièrement
réparé ; car elles contribuent à la force du Corps
Législatif, & suppléent à l'inconsidération qui
seroit l'effet inévitable de sa composition.
Le respect, aujourd'hui, ne peut plus être
imposé que par la puissance du nombre ; c'est
une conséquence du système d'égalité par-

faite quand il est établi dans un vaste Royaume ; réflexion majeure , & que je développerai plus particulièrement dans un autre endroit de cet Ouvrage.

Nous venons de fixer l'attention sur les avantages de la division régulière du Corps Législatif en deux Chambres ; mais nous n'avons encore considéré, cette question que dans ses rapports avec les mouvemens populaires, avec l'esprit de faction ou de turbu-lence ; nous devons maintenant faire observer qu'une pareille Constitution auroit la plus heureuse influence sur les délibérations même du Corps Législatif.

Il n'est pas possible de soumettre les opinions d'un Corps Législatif à aucune espèce de censure régulière ; puisque, de cette manière, l'idée si nécessaire de sa supériorité n'existeroit plus ; cependant, pour être un Corps Législatif, on n'est pas moins une Assemblée soumise à toutes les erreurs, à toutes les indiscrétions & à toutes les foiblesses qui forment l'apanage de l'humanité.

C'étoit

C'étoit donc une belle idée, & une idée
vraiment ingénieufe, que d'avoir établi cette
cenfure, au fein même du Corps Légiflatif,
en le compofant de deux Chambres. L'une
& l'autre font alors obligées de fe former
un modèle de fageffe, & de l'avoir préfent
à l'efprit; puifque, dans les circonftances ordinaires, cette fageffe devient le point de réunion le plus affuré. Il n'en eft pas de même
d'une Chambre unique : c'eft par des idées
extrêmes qu'elle doit chercher à fe fignaler,
ces idées étant les feules qui foient entendues du nombreux & mobile parterre, dont
elle recherche le fuffrage & les applaudiffemens. La rejection de l'idée des deux Chambres, pour la compofition du Corps Législatif, & la formation de ce Corps en une
feule Affemblée délibérante, eft prefque une
préférence donnée à l'empire des paffions
fur l'autorité de la fageffe. Qui ne fait avec
quelle facilité l'on peut enlever les opinions,
ou par l'adreffe du raifonnement, ou par
le mouvement du langage, fur-tout lorfqu'on

faisi certaines circonstances pour agir sur
les esprits ? On a bien mis pour condition,
dans la Constitution Françoise, que les Projets de loi devroient être lus trois fois, à
huit jours de distance ; mais en même temps
on a permis de s'écarter de cette règle dans
les cas *d'urgence*, & cette urgence, décrétée à chaque instant, est devenue une simple formule. Enfin, comme les altercations &
les querelles sont plus fréquentes à la table
des gros joueurs qu'à toute autre, de même,
lorsqu'une Assemblée décide à elle seule des
destins de l'Empire, les divisions, les haines,
les jalousies doivent y régner avec plus de
force, que si elle représentoit seulement une
des portions du Pouvoir Législatif.

Aucune de ces observations n'est applicable à la Constitution d'Angleterre ; & son
affermissement, sa consistance, le calme
qu'elle répand, la sage combinaison des lois,
leur exacte observation, & l'action régulière
du Pouvoir Exécutif, toutes ces heureuses
circonstances se rapportent en grande partie

à la division du Corps Législatif en deux
Chambres, dont les opinions réunies fixent
tous les sentimens, captivent le respect &
entraînent à l'obéissance.

La composition de la première de ces
Chambres concourt encore au même but,
mais sous un aspect différent. La majesté du
Trône, si nécessaire au maintien de l'ordre
public & au paisible exercice de l'administration, cette majesté imposante est essentiellement conservée au Roi d'Angleterre, par
l'existence & la médiation des Pairs du
Royaume ; ils servent d'accompagnement &
de soutien à la dignité du Monarque, &
d'échelon nécessaire aux idées & aux sentimens de respect pour le rang suprême. L'opinion des hommes a besoin de ces gradations
&, j'oserois dire, de ces préparatifs, pour se
former à la conception d'une supériorité sans
égale. Une trop grande distance entre le
peuple & le Prince égareroit l'imagination ;
une distance trop rapprochée introduiroit
tous les dangers de l'habitude & de la fami-

liarité. C'est une idée extraordinaire que celle d'un Roi ; il faut, tant qu'on la trouve bonne, l'environner de l'opinion publique, de cette opinion qui lui sert d'appui , & qui elle-même a besoin d'un grand ménagement & d'une soigneuse culture.

C'est pour être fidèle au système d'égalité parfaite, ou pour en maintenir la forfanterie, que l'Assemblée Nationale a rejeté l'institu-tion des deux Chambres, dont l'Angleterre & l'Amérique nous ont donné l'exemple ; mais lorsqu'on adopte deux exceptions à ce système, aussi grandes que l'institution d'un Monarque à l'une des extrémités de l'ordon-nance sociale, & à l'autre, l'exclusion absolue de tout état politique, prononcée contre ceux qui ne payent pas une certaine mesure d'im-position, on a peine à comprendre par quel motif le nivellement le plus rigoureux étoit nécessaire entre ces deux termes.

On s'est mépris , de plus d'une manière, dans le système de vanité jalouse, auquel on s'est abandonné, après l'avoir rejeté, comme

il convenoit, d'un beau vernis philosophique. On n'a voulu qu'une seule Chambre &
qu'un seul rang ; mais en isolant ainsi l'Af-
semblée Législative de tous les appuis que
présentoient nos anciennes mœurs, & en se
fiant trop rapidement à leur métamorphose,
il n'est pas sûr que l'inconsidération de ces
Assemblées ne précède le changement complet des opinions. On eut adopté, sans doute,
une marche plus sûre, si, dans un Gouvernement Monarchique, on avoit accru le relief
de la Chambre des Députés du peuple, en
l'unissant à une autre, composée des hommes les plus considérables de la Nation, par
leur rang & l'étendue de leurs propriétés
territoriales, & en réservant, toutefois, à la
Chambre des Députés une plus grande puissance, & l'initiative de droit sur toutes les
matières de contribution & de finances.

L'Assemblée Constituante n'a montré aucune connoissance des effets de l'imagination
sur un grand peuple ; elle a présumé qu'elle
créeroit la majesté du Trône & la majesté

du Corps Legislatif; fans le fecours d'aucune idée acceffoire à l'empire de la loi; le
temps lui prouve déjà qu'elle s'eft trompée,
& ie lui prouvera bien davantage, lorfqu'un
premier enthoufiafme ne foutiendra plus les
opinions nouvelles, & qu'il les laiffera fous
la feule protection du raifonnement.

Les Anglois, qui ont médité plus long-
temps que nous fur les conftitutions politiques, cefferoient de croire à la longue durée
de leur Gouvernement Monarchique, fi, par
une révolution inattendue, la Chambre des
Communes compofoit jamais à elle feule le
Corps Légiflatif. Les hommes font tous
entraînés par un mouvement en avant; c'eft
l'effet inévitable de l'agitation de leurs facultés morales, & de la direction particulière
de leur imagination; ainfi les Communes
ne tarderoient pas à ferrer de trop près le
Monarque, fi les Pairs ne recevoient plus
leur première preffion; elles auroient bientôt froiffé cette opinion qui environne le
Trône, & qui conftitue la grandeur conven-

tionnelle ; après avoir altéré la confidération du Monarque, elles le rendroient, fans
y penfer, inutile à l'Etat, & l'équilibre du
Gouvernement feroit entièrement détruit.

Cependant, fi l'on peut raifonner ainfi,
dans un pays où la Chambre des Repréfentans de la Nation eft toute compofée d'hommes diftingués par leur éducation, & liés
à l'intérêt de l'Etat par une grande propriété
territoriale (1), avec quelle force de plus
n'a-t-on pas droit d'appliquer les mêmes
réflexions à une Affemblée Légiflative, où
l'on eft appelé, où l'on prend féance, fans
avoir fait preuve d'aucune fortune ?

Cette différence remarquable, entre les
deux pays, a des conféquences infinies &
des rapports immédiats avec le Pouvoir Exécutif, puifque la tâche de ce Pouvoir eft

_____

(1) Les Anglois exigent, pour les Repréfentans des
Comtés, la poffeffion, depuis une année, d'un revenu
de fix cents livres fterlings, (quatorze mille francs de
France, efpèces), & pour les Repréfentans des villes
une poffeffion d'un revenu de trois cents livres fterlings.

diminuée à mesure que le respect pour les lois est augmenté. Or, jusqu'à ce que les opinions les plus anciennes & les plus naturelles soient absolument changées, les citoyens attachés au bien de l'Etat par les liens de la propriété, & à qui la fortune a donné le moyen d'acquérir les divers genres de supériorité attachés à l'éducation, de tels hommes donneront toujours aux lois, qui seront leur ouvrage, un caractère plus imposant. Ne perdons jamais de vue, que l'obéissance du grand nombre aux délibérations de quelques-uns, est un résultat singulier dans l'ordre moral ; c'est donc courir un grand hasard, que de négliger aucun des moyens propres à agir sur l'opinion des hommes. On peut quelques temps, à l'aide des punitions multipliées, émanées de la force, se passer du respect ; mais ce sentiment est essentiellement nécessaire au mouvement doux, régulier & durable, d'une organisation politique.

L'idée, sans doute, qui se présente la première, lorfqu'on donne tête baiffée dans les principes généraux, c'eft qu'en nos propres affaires, le choix le plus libre eft de droit naturel ; mais ces premiers élans philofophiques n'atteignent pas toujours aux vérités ufuelles ; l'erreur fe trouve ici dans le mot de *choix*, dans ce mot, qui annonce une impulfion réfléchie vers ce qui nous convient le mieux. L'application de cette définition ne fouffre aucune difficulté, lorfqu'on fe repréfente un homme, au milieu du petit cercle de fes intérêts particuliers, dirigé par des lumières fuffifantes, vers ce qui lui eft le plus avantageux, & exprimant fes vœux d'une manière diftincte ; mais aucune de ces circonftances n'eft applicable aux actes deftinés à défigner les Députés du peuple aux Affemblées Nationales. Les nomme-t-il lui-même, c'eft le plus fouvent fur l'opinion d'autrui qu'il fe décide : les nomme-t-il par la médiation d'un Corps d'Electeurs, au choix defquels il a concouru, il court les hafards attachés, tantôt à leurs paffions, tantôt à leur aveugle prédilection : enfin, la majorité des suffrages, entraînant le consentement de la minorité, c'est quelquefois un petit nombre de voix qui détermine les préférences. Ce n'est donc pas une violation des droits du peuple, que de lui donner pour guide son véritable intérêt, lorsque cet intérêt peut être interprété par des Législateurs, dans la sagesse desquels il a mis sa confiance ; car cet intérêt est bien plus le gage de son opinion, que son opinion n'est le gage de son intérêt.

Si donc l'Assemblée Nationale avoit pensé comme les Anglois, comme les Américains, comme toutes les nations, qu'une propriété, & une propriété importante, garantissoit l'attachement des citoyens à l'ordre public & aux intérêts de l'Etat, elle eut servi le peuple, elle eut servi la Nation, en faisant de cette propriété une condition de l'avancement au rang de Législateur : (1).

____

(1) J'ai souvent regretté que les Notables, assemblés en 1788, n'eussent pas fait de la propriété une condition de l'éligibilité aux Etats-Généraux. Le Roi, fortifié par

Un homme qui n'eft pas propriétaire, n'eft pas un citoyen complet, puifqu'il eft fans intérêt au plus grand nombre des affaires publiques; & je n'entends pas comment des Députés aux Affemblées Nationales, n'ayant pour toute poffeffion qu'un riche fonds de paroles, fe permettent d'influer, par toutes fortes de moyens, fur la décifion des controverfes, dont le réfultat leur eft perfonnellement indifférent, ou ne les atteint tout au plus que par des affinités philofophiques. Ainfi des hommes, bien fûrs de ne prendre part aux hafards de la guerre que par des exclamations & par des *bravos*, bien fûrs encore de n'avoir à gémir, ni fur leurs champs ravagés, ni fur leurs maifons incendiées, ne font pas moins les ardens promoteurs des rixes politiques. Que des milliers d'hommes paffent, en un jour, de la vie à la mort, à travers les cris de la douleur & du défefpoir,

_____

leur opinion auroit, je le crois, adopté cette difpofition; mais ils ont, au contraire, été plus faciles qu'on ne l'étoit autrefois, du moins pour l'admiffion des Nobles, cela ne leur fait rien ; ils n'ont pris à eux que la partie de l'apothéofe. Que d'autres ayent leur fortune bouleverfée par le défordre des finances, la fuite ordinaire des troubles politiques, cela ne leur fait rien encore; ils favent que la leur eft placée dans l'afyle impénétrable du néant. En vérité, c'eft avoir une bien haute idée du titre que donne le lieu de la naiffance, ou du premier ondoyement, pour imaginer, qu'avec un fimple extrait baptiftaire, figné par un Curé de village, on a le droit de venir prêcher la ruine d'une Nation & les facrifices de tout genre auxquels on ne fera point affocié. Rien ne paroît plus bifarre qu'une telle prétention, fur-tout quand on rapproche fa petite origine de la grandeur de fes conféquences.

On demandera, fi la Conftitution n'a pas fervi le Pouvoir Exécutif, en difpenfant les Députés au Corps Légiflatif de faire aucune preuve de propriété, puifque, de cette manière, il y a plus de chances pour agir fur eux, par des moyens fecrets.

Un telle queſtion obligeroit à ſe rendre compte du rang politique qu'il faut aſſigner à la corruption. Elle peut ſuppléer, dans certains Gouvernemens, à un défaut de proportion entre les différens Pouvoirs établis ; mais, lorſqu'on organiſe ces mêmes Pouvoirs, ou lorſqu'on ſe place par la penſée avant l'œuvre de la Conſtitution , on n'imaginera jamais de favoriſer la corruption , pour en faire un des élémens deſtinés à compoſer l'autorité du Gouvernement ; car , laiſſant à part un moment l'immoralité d'un pareil ſyſtême , il eſt évident que toute force, dont le degré de preſſion eſt incertain , ne peut être admiſe dans les combinaiſons des Légiſlateurs. C'eſt par le prudent accord de toutes les parties de la conſtitution ſociale , qu'il faut prévenir les abus de pouvoir , & ce n'eſt jamais par ces abus que l'on doit aſſurer l'harmonie politique.

L'Aſſemblée , priſe en maſſe , a ſouvent montré ſa défiance ſur les moyens de corruption ; mais quand on a mis en queſtion ;

de temps à autre, si elle ne devoit pas se contenter d'une plus petite rétribution, ou, si elle ne devoit pas en sacrifier momentanément une partie, pour des actes de bienfaisance, il s'est toujours trouvé des Orateurs qui ont éloigné les esprits de cette mesure, en insistant sur la nécessité d'assurer aux Députés Législateurs, un salaire suffisant pour les tenir à l'abri des suggestions de l'intérêt personnel ; mais la certitude de dix-huit francs par jour, pendant deux ans, n'est pas une puissante sauve-garde ; & du moment que, pour retenir en entier ce pécule, on mettoit en avant des principes de moralité, il est surprenant qu'on n'ait pas regardé comme un moyen d'indépendance, plus naturel & plus vraisemblable, la nécessité d'une propriété pour être admis à régler le destin de la France.

Mais une plus grande idée se présente à moi en réfléchissant sur cet important sujet. Ce qu'on vante le plus dans le Gouvernement d'Angleterre, c'est l'équilibre établi entre les différens Pouvoirs, & l'on attribue à cette sage combinaison, la stabilité d'une Constitution si renommée. Les uns s'expriment ainsi, guidés par une réflexion éclairée ; & les autres, par imitation, répétent les mêmes paroles avec plus de force. Je ne contesterai point cette opinion ; mais il en est une particulière, que je me permettrai de présenter. Je crois que la consistance du Gouvernement Anglois, n'est pas uniquement due à la balance des autorités, mais qu'il faut l'attribuer encore essentiellement aux justes & sages rapports, aux rapports nuancés, s'il est permis de s'exprimer ainsi, établis entre l'état & la considération des personnes qui doivent exercer ces différens Pouvoirs. Je vois en Angleterre une Chambre des Communes, composée des Représentans de la Nation, une Chambre des Pairs & un Monarque dépositaire du Pouvoir Exécutif : or, je dis que l'union de ces trois Pouvoirs tient, en grande partie, à la transition douce & mesurée, qui existe dans l'opinion entre la majefté du Prince, la haute dignité des Pairs du Royaume & la confidération perfonnelle des Députés des Communes, à titre de propriétaires, à titre d'hommes diftingués par leur éducation ; & j'ajouterai que l'harmonie de la Conftitution cefferoit peut-être également, & fi les Pairs ne fervoient pas d'intermédiaires entre le Monarque & les Repréfentans des Communes, & fi la confidération perfonnelle du plus grand nombre de ces Repréfentans ne les élevoit pas à une petite diftance de l'éminence fociale où les Pairs fe trouvent placés. Je foumets ces penfées à la révifion des hommes, capables d'étendre au loin leurs regards ; mais je m'abuferois fort fi elles ne renfermoient pas une vérité, & une vérité très-importante.

On ne peut établir une harmonie politique entre les divers Pouvoirs, par le feul effet d'une furveillance ombrageufe & d'une défiance mutuelle ; c'eft tout au plus ainfi que des pays voifins fe tiennent en refpect

à

à l'aide de leurs citadelles, de leurs remparts & de leurs troupes réglées; mais les Pouvoirs dont un Gouvernement est composé, ces Pouvoirs entremêlés de tant de manières & dont l'exercice est remis à des hommes ou foibles ou passionnés, comment seroient-ils en accord, comment resteroient-ils à leur place sans des rapports artistement gradués? on auroit besoin, pour renoncer à ces principes d'union, & pour y suppléer par les loix d'équilibre, de poser, si je puis m'exprimer ainsi, une sentinelle aux confins de toutes les vanités, de tous les amours-propres, de toutes les ambitions. Ce sont donc les liens plus que les contrepoids; les proportions, plus que les distances; les convenances, plus que la vigilance, qui contribuent à l'harmonie des Gouvernemens; & si l'on arrête continuellement l'attention des Législateurs sur la nécessité de balancer une force par une autre, & non sur l'avantage de les réunir avec sagesse & par des moyens naturels, c'eſt que, dans les idées morales, comme dans les objets phyſiques, les nuances nous échappent, tandis que les contraſtes attirent & fixent toujours nos regards.

L'Aſſemblée Nationale croit avoir détruit la néceſſité des proportions dans l'ordre politique, en abattant tout & en établiſſant, par des moyens de force, le niveau le plus abſolu; mais il reſte un Monarque, & il faut des échelons qui deſcendent de ſon Trône juſques aux vaſtes plaines de l'égalité; mais il reſte un grand Peuple, & il faut que, ſans le ſecours habituel des punitions & des vengeances, il reſpecte ſes camarades Légiſlateurs, & qu'il obéiſſe à leurs décrets. Voilà bien des problêmes : on pouvoit ne les pas réſoudre, mais on devoit au moins les examiner.

On ne doit pas perdre de vue que la première Aſſemblée Nationale a eu des moyens de relief que n'auront pas les autres ; car non-ſeulement elle a été compoſée, en partie, d'hommes marquans dans les anciens

Ordres de la Nobleſſe & du Clergé mais
de plus, la grandeur de ſa tâche, ſon eſprit
entreprenant, ſes combats, ſes ſuccès, en
lui procurant beaucoup d'ennemis, lui ont
donné beaucoup d'éclat. Je ne puis apprécier encore le degré de luſtre que recevra
la ſeconde Aſſemblée de ſon affiliation à
tant d'événemens mémorables & de la gra-
vité des circonſtances où elle ſe trouve placée ; mais à l'avenir, c'eſt d'eux-mêmes,
c'eſt de leurs propres perſonnes, que les Légiſlateurs auront à tirer leur principale conſidération ; & je finis par une réflexion très-
hardie, mais qui n'eſt pas ſans liaiſon avec
l'un des caractères diſtinctifs de la Nation
Françoiſe. Jamais plus vaſte édifice n'a été
entrepris que celui de ſa nouvelle Conſtitution politique : les combinaiſons, les travaux
de ſept à huit cents architectes y ont été con-
ſacrés, & deux fois la terre avoit tourné
autour du ſoleil que cette immenſe tâche
n'étoit pas achevée ; l'on a cumulé pierres
ſur pierres, l'on a entaſſé matériaux ſur ma-

tériaux, l'on a élevé machines fur machines, & l'on eſt effrayé à l'aſpect de ce pro-
digieux amoncellement, qui ſemble braver la
main du tems. Eh bien, je doute que la
ſolidité de cette œuvre impoſante, de cette
œuvre de tant de jours, pût réſiſter à l'impreſſion que ſeroit une ſeule fois ſur les eſprits
la compoſition ignoble ou ridicule d'une
Aſſemblée Nationale. Il faut ſe garder d'un
ſemblable accident plus que d'une armée
étrangère ; car, malgré les métamorphoſes
dont nous ſommes les témoins, aucun Peuple, je le crois, ne recevra jamais autant
d'impreſſion que la Nation Françoiſe de la
diſconvenance des tens & des manières : cette
ſenſation, la plus ſubtile de toutes, ſurvivroit
encore, je le crois, à l'aménité de ſes mœurs,
ou ſe ſoumettroit du moins la dernière à la
main terrible des réformateurs ; on peut, en
ſigne du plus haut civiſme, couper ſes cheveux
par derrière, ou ſe les faire tomber ſur le front
à larges bandes ; mais on ne traveſtit pas de
même ſon génie & ſon naturel, & il eſt beau-

coup plus aifé de fe donner un ridicule, que de fe faire infenfible à celui d'autrui.

Qu'on prenne garde, cependant, à ce mépris des formes, introduit par nos garçons philofophes, à ce mépris dont ils fe parent pour toutes les idées qui ne dérivent pas, en droite ligne, du petit nombre d'abftractions que leur cerveau peut contenir. L'expérience apprendra que les proportions de pouvoir, ce grand ouvrage des Légiflateurs, ne fauroient fe foutenir fans l'affiftance de l'opinion; & cette opinion, continuellement agitée par les nombreux élémens dont elle eft compofée, s'attachera toujours aux perfonnes, comme à un centre de repos.

Ces dernières réflexions n'auront pas une application frappante, tant que l'ardeur actuelle fubfiftera; car cette ardeur & fes motifs relèverent, dans notre imagination, & les hommes & les caractères; mais tout s'affoiblit avec le tems, & c'eft pour les jours de calme & de tempérance, c'eft pour ces longs périodes de la vie politique que les loix perpétuelles doivent être faites.

F iij

CHAPITRE V.

Participation du Monarque au Pouvoir Législatif.

ON vient de voir de quelle manière la composition du Corps Législatif, en influant sur les sentimens de respect & d'obéissance envers les loix, seconde ou contrarie le Gouvernement dans l'exercice des devoirs qui lui sont confiés. On concevra plus facilement encore comment l'intervention du Chef de l'Etat dans les Actes Législatifs, comment sa participation à cette solemnité politique, ont un rapport intime avec la dignité du Trône, & avec l'autorité du Pouvoir dont le Monarque est dépositaire.

Aucun Bill du Parlement d'Angleterre n'a force de loi sans l'adhésion du Monarque, & les Décrets d'accusation, connus sous le nom de *Bills of impeachement*, font les feuls exceptés de cette règle générale.

Il n'en eft pas de même en France. La nouvelle Conftitution a impofé diverfes reftrictions au droit de Sanction ; les unes limitent fa durée, les autres circonfcrivent fon application.

Le droit d'oppofition que la Conftitution accorde au Monarque, ce droit connu fous le nom de *Véto fufpenfif*, ne peut arrêter l'effet d'une loi nouvelle, lorfque trois Légiflatures confécutives ont perfifté dans le même vœu ; au lieu qu'en Angleterre une loi n'eft jamais complette, fans l'affentiment du Monarque, & cette belle prérogative établit une différence marquante entre l'éclat des deux Couronnes.

Cette vérité ne détruit point les obfervations que j'ai déjà faites fur le *Véto fufpenfif*, & dans mon dernier ouvrage, & dans un Mémoire rendu public par la voie de l'impreffion. Ces obfervations avoient un but particulier : je voulois montrer que, felon

F iv

la forme du Gouvernement, un *Véto*, soumis à de certaines reſtrictions, avoit plus de
réalité qu'un droit d'oppoſition illimité. Ce
n'eſt pas une prérogative de ſimple parade,
ce n'eſt pas une prérogative dont, comme
en Angleterre, on ne fait jamais uſage, qui
peut ſuffire dans un ſyſtême de Gouvernement, où le Corps Légiſlatif eſt compoſé
d'une ſeule Chambre. La faculté donnée au
Roi d'oppoſer une réſiſtance à des réſolu-
tions hâtives ou inconſidérées, devient alors
une ſauve-garde précieuſe; & ſi cette faculté
étoit rendue inerte, il n'y auroit plus qu'une
puiſſance, & toute eſpèce d'équilibre ſeroit
abſolument détruit. Il faut donc, pour l'intérêt de l'Etat, que le Roi ſoit enhardi à
faire uſage d'un pareil droit; & il ne le ſeroit
jamais au milieu d'une Conſtitution, où les
Pouvoirs ſont partagés avec tant d'inéga-
lité, ſi l'on ne voyoit aucun terme au refus
que feroit le Monarque d'adhérer aux vœux
ſoutenus des Repréſentans de la Nation. Ces
conditions ſont à-peu-près remplies par

un droit d'oppofition, qui cède à l'infiftance de trois Légiflatures. L'exercice d'un pareil droit n'eft, fi l'on veut, qu'une forte d'appel à l'opinion publique ; mais le terme de cet appel eft affez long pour amener le triomphe de la raifon, & ce triomphe eft tout ce qu'il faut à un bon Roi. D'ailleurs, ce même Véto, fimplement fufpenfif pour les loix d'adminiftration générale & qui appartiennent à tous les tems, devient un Véto abfolu pour les loix de circonftances, pour les loix uniquement applicables au moment préfent. Ce Véto fufpenfif n'eût jamais été attribué au Roi vers la fin des feffions de l'Affemblée Conftituante ; car tout mefuré qu'il eft, il détonne avec l'autorité que la Conftitution donne au Peuple, & avec l'état de foibleffe auquel on a fucceffivement réduit le Pouvoir Exécutif. Auffi, faudra-t-il encore du ménagement de la part du Gouvernement pour faire ufage de ce droit d'oppofition. Que feroit-ce s'il étoit abfolu dans tous les cas, & dans toutes les circonftances, & s'il étoit ainfi devenu l'objet de toutes les clameurs, & le prétexte de tous les mécontentemens ?

Ce n'eft donc pas la limite du droit de Véto attribué au Roi, mais la néceffité de cette limite, aux termes de la Conftitution Françoife, qui doit être confidérée comme une altération à la majefté du Trône.

Aucune des réflexions que je viens de faire fur le Véto fufpenfif ne feroit fuffi-fante, fi, comme en Angleterre, la modifica-tion des articles conftitutionnels étoit fou-mife à l'approbation du Monarque; car ces modifications, pouvant intéreffer les préro-gatives de la Couronne, & le maintien de l'équilibre focial, un Véto d'une durée limi-tée ne feroit pas applicable à un tel ordre de chofes ; mais on ne l'ignore point c'eft à la fanction des loix d'adminiftration, que les prérogatives du Monarque François ont été réduites; & l'on a compris un fi grand nombre de difpofitions dans les articles de la Conftitution, dans ces articles immuables, dans ces articles indépendans de la volonté du Prince, que l'autorité royale se trouve encore, par ce moyen, infiniment circonscrite.

Enfin, parmi les loix de simple administration, plusieurs, & des plus importantes, ont été soustraites à la sanction du Roi : telles sont particulièrement les différentes dispositions législatives, *concernant l'exercice de la police constitutionnelle, sur les administrateurs & sur les Officiers Municipaux ;* expression vague, & dont le sens est aisément susceptible d'une extension arbitraire ; mais, l'exception la plus extraordinaire regarde les Décrets *d'établissement, de prorogation, & de perception des contributions publiques,* lesquels, selon la Constitution, ne doivent pas être révétus de la sanction du Monarque.

On ne pouvoit imaginer une disposition plus dégradante pour la Majesté royale, & l'on a peine à concevoir que des Législateurs se soient résolus à présenter le Roi comme étranger aux intérêts les plus intimes du Peuple. Que signifie donc le titre de

Représentant héréditaire de la Nation, dont
la Constitution l'a revêtu, s'il ne doit plus
la représenter cette Nation, au moment où
l'on traitera des sacrifices qu'on exigera d'elle?
A-t-on pris garde que, dans un Royaume,
appellé à payer cinq ou six cents millions,
une si vaste contribution couvre tout, environne tout, & saisit les hommes & les choses par une infinité de rapports connus &
inconnus, & que rester en dehors de cette
immensité, c'est être moins qu'un Citoyen
actif.

Les foibles argumens dont on s'est servi
pour engager l'Assemblée à rendre une
pareille disposition constitutionnelle, ne devoient pas entrer en balance avec les dangers attachés à la considération du Chef de
l'Etat & à l'affoiblissement du Pouvoir exécutif, qui en est la suite ; mais cet intérêt si
grand, par son union intime avec l'ordre
public, n'a pas même été indiqué dans le
cours des débats. On ne peut trop le dire,
l'Assemblée a toujours agi, comme si elle

croyoit que le Pouvoir, deſtiné à garantir l'exécution des loix, exiſtoit par lui-même, ou, comme ſi elle eſpéroit pouvoir lui donner le mouvement & la vie, par l'efficacité de ſa ſeule parole.

On a dit que les Etats-Généraux avoient joui de tout tems, à eux ſeuls, du droit de conſentir les impôts ; ſans doute, mais *conſentir*, ſelon la langue françoiſe, ne repréſente pas un acte ſans concours.

On a dit que le 17 Juin 1789, l'Aſſemblée Nationale avoit recréé à elle ſeule les impôts exiſtans, ſans aucune réclamation de la part du Roi ; remarque pleine d'aſtuce, car les impôts étoient établis, ils ſe percevoient exactement, & l'Aſſemblée ne faiſoit que réunir ſa volonté à celle du Monarque, ci-devant manifeſtée.

On a dit que des contributions proportionnées aux beſoins de l'Etat étant d'une néceſſité abſolue, ſi le Roi refuſoit ou différoit ſa ſanction aux Décrets qui devoient proroger les impôts à l'époque de chaque

Législature, il en réfulteroit un défordre général qui ébranleroit fa Conftitution. Mais fi
un Roi fe conduifoit ainfi, ou il feroit dans
le cas de démence prévu par l'Affemblée
Nationale, ou il feroit devenu Magicien,
puifqu'il pourroit impunément s'abftenir de
payer les Soldats & les Matelots, ceffer de
payer les Rentiers, ceffer de payer les émolumens de l'Affemblée Nationale ; & le phé-
nomène le plus grand de tous feroit qu'il
voulût, pour arriver à toutes ces folies, fe
priver lui-même de fa lifte civile.

Enfin, on a dit encore que le Roi pourroit refufer l'abolition des impôts onéreux
au Peuple, ou n'admettre que les projets de
contribution favorables aux riches. Une telle
fuppofition peut-elle être préfentée férieufe-
ment, tandis que la Conftitution a mis le
Roi dans la néceffité de rechercher, par deffus tout, la faveur populaire ?

On appercevoit, fans doute, cette vérité,
lorfque, par une fuppofition abfolument inverfe de l'hypothèfe précédente, on difoit,

dans une autre partie de la falle, que le Roi,
pour fe faire aimer, refuferoit fon confentement aux impôts les plus défagréables à la
multitude, & qu'il difputeroit ainfi de popularité avec les Légiflateurs. Tout eft chimé-
rique dans cette fuppofition, excepté la
rivalité jaloufe de l'Affemblée; auffi, pour
s'excufer, l'Orateur, qui entraîna les opinions, crut-il devoir rappeller ce principe,
profeffé trop fouvent à la Tribune : *que le
Pouvoir Exécutif fera toujours l'ennemi du
Pouvoir Légiflatif.* L'ennemi! fi tel étoit le
réfultat de la Conftitution, quelle plus grande
critique feroit-il poffible d'en faire ? C'eft à
les concilier, ces deux Pouvoirs, que tous
les foins des Légiflateurs devoient tendre,
& le fuccès de leurs efforts auroit paru le
fceau de leur fageffe.

Ce n'eft pas, cependant, fous l'unique
rapport de la majefté du Trône, que je
trouve à redire à l'article conftitutionnel,
où l'on écarte la fanction du Roi pour tous
les établiffemens, toutes les prorogations,

toutes les perceptions d'impôts ; car si la
réunion de deux opinions & de deux
volontés fut jamais nécessaire pour la con-
sécration des Loix Nationales ; si cette réunion fut jamais follicitée, & par le bien
de l'Etat & par l'intérêt des Peuples, c'eſt
fur-tout à l'inſtitution & au choix des
impôts que cette vérité mérite d'être appli-
quée. Il eſt tel ſyſtême en ce genre, dont
les ramifications s'étendroient juſques aux
principes fondamentaux de l'ordre politique, & je vais en donner un ſeul exemple.
Que l'on fubſtituât, comme on en a parlé plus
d'une fois, aux impôts dont la quotité eſt
fixée en raiſon uniforme de tous les revenus
fonciers ou mobiliers, qu'on y fubſtituât,
dis-je, un autre impôt dont la meſure
proportionnelle s'accroitroit felon l'étendue
progreſſive de chaque propriété particulière,
une telle diſtribution contributive, qui fou-
mettroit les riches à des facrifices hors de
la règle commune, auroit beaucoup de
rapport avec ces loix agraires, dont la propoſition

poſition agita ſi ſouvent la République Ro-
maine. Le Roi, cependant, le Repréſentant
héréditaire de la Nation, devroit être un
ſimple ſpectateur d'un pareil bouleverſement,
& l'on exigeroit encore de lui, toujours
ſelon la Conſtitution, qu'il proclamât, qu'il
fit exécuter cette loi, ſous la reſponſabilité
de ſes Miniſtres.

Je dois faire obſerver encore que, pour la
détermination de tous les impôts, l'adhéſion du
Chef ſuprême de l'Adminiſtration, & l'examen
éclairé qui doit précéder ſon acquieſcement,
ne peuvent être indifférens au bien de l'État.
On a dit que, ſi l'on déſiroit de connoître
l'opinion des Miniſtres, on la leur deman-
deroit, pendant leur préſence à l'Aſſemblée;
mais dans quelle qualité donneront-ils leur
avis ſur un pareil ſujet ? Ils ne pourront
pas le faire au nom de la Nation, puiſqu'ils ne ſeront pas ſes Repréſentans; ils
ne pourront pas le faire au nom du Roi,
puiſque, ſur la queſtion des impoſitions, le
vœu du Monarque ſeroit écarté, & comme

éteint par la loi. Les Miniſtres, en traitant
cette queſtion, & en concourant de leur
opinion à une délibération législative, exerceroient donc tout-à-coup une fonction
étrangère à la confiance du Roi, & qui
n'auroit aucune connexion légale avec les
deux Pouvoirs Conſtitutionnels. Le Monarque, inſenſiblement, ſe trouveroit réduit à
la qualité d'Electeur de Miniſtres, & trans-
formé, pour ainſi dire, dans une ſorte de
ſcrutin animé, imaginé pour la plus grande
commodité des Aſſemblées Nationales. Tout
cela peut être indifférent dans un certain
ſyſtême ; mais on doit convenir, au moins,
qu'on ne peut accorder avec de telles manières & avec beaucoup d'autres ſemblables,
la conſidération du Monarque, la majeſté
du Trône, la qualité de Chef ſuprême de
l'Adminiſtration, l'action du Pouvoir Exécutif, le titre de Repréſentant héréditaire de
la Nation, & aucun des grands avantages
attachés au Gouvernement Monarchique.

On a dit que l'Aſſemblée mettoit l'amour

des peuples pour le Roi, à l'abri de leur inconstance, en ne l'associant point à l'établissement des impôts ; mais il n'aura de même aucune part à leur abolition, à leur réduction, à leur allégement ; d'ailleurs l'initiative en cette partie ne lui appartenant point, la sanction de simple dignité, qu'on auroit conservée au Chef de l'Etat, n'eut jamais pu lui attirer un reproche.

Je n'entends pas non plus comment on a trouvé de l'accord entre deux idées législatives, qui semblent évidemment se combattre ; l'une est l'établissement des impôts sans l'approbation du Roi, & l'autre l'attribution à son autorité de tous les moyens de protection, nécessaires pour assurer l'exactitude des recouvremens. N'est-ce pas présenter à la négligence de l'Administration, ou à son défaut de volonté, une excuse naturelle ? N'est-ce pas lui donner le droit de dire, les obstacles naissent du mauvais choix des contributions ou de leur organisation vicieuse ?

N'y a-t-il pas enfin une forte de contrafte & d'inconféquence, à rendre le Monarque abfolument étranger au fyftême des contributions, tandis qu'on exige fa fanction pour les dépenfes, tandis, fur-tout, qu'on l'exige pour les emprunts ; car on le met ainfi de part dans les engagemens, fans l'affocier aux moyens deftinés à remplir ces promeffes.

Les obfervations les plus fimples & les plus communes ramènent fouvent à des idées plus élevées, quand ces idées ont un rapport avec le fujet dont on eft occupé ; & je me dis en ce moment, il eft malheureux pour la France, que des routes, depuis long-temps frayées, fervent d'avenues au temple de la raifon ; car s'il eut fallu les ouvrir pour la première fois, nos ardens ouvriers en légiflation auroient été fatisfaits de cet honneur, auroient été contens de cette gloire ; & ils nous auroient alors conduits par le plus court & le meilleur chemin.

CHAPITRE VI.

Limites des Pouvoirs du Corps Législatif.
Révision des articles Constitutionnels.

Les trois volontés réunies de la Chambre des Communes , des Pairs du Royaume & du Monarque , forment en Angleterre le Pouvoir Législatif ; & ce Pouvoir, ainsi constitué, n'a proprement aucune limite.

Le dépôt des anciennes lois d'Angleterre a été remis en son entier sous la garde des trois volontés qui composent le Pouvoir Législatif, & tout ce qu'elles déterminent ensemble est réputé légal.

L'opinion publique couvre de son égide tous les principes qui intéressent essentiellement la liberté Nationale ; mais elle laisse aux trois Pouvoirs, qui gouvernent l'Angleterre, à ces trois Pouvoirs admirablement

G üj

conftitués , la faculté de corriger , ou de modifier les petites imperfections de l'édifice focial.

Les Anglois n'apperçoivent pas comment une Affemblée de Députés , convoquée de temps à autre , pafferoit en lumières la fcience réunie des trois guides politiques , auxquels la Nation a donné fa confiance.

Les Anglois , fortis depuis long-temps des écoles de la philofophie législative , ne font plus à genoux devant ces mots , répétés parmi nous avec tant de fafte , devant ces mots impofans de vœu général & de Souveraineté Nationale , devant ces idées vagues , dont l'application régulière eft impoffible , & qui deviennent une fource d'erreurs & de méprifes , lorfqu'on les fait fortir du cercle des abftractions , pour en compofer des maximes actives & des vérités pratiques.

La volonté générale , la Souveraineté Nationale , ne peuvent jamais exercer une autorité réelle , fans s'être fait connoître , fans

avoir quitté leur essence morale , pour revêtir , en quelque manière , une forme corporelle. Vous, Légiflateurs François, vous avez
reconnu pour interprêtes du vœu général
un certain nombre de Députés, choisis par des
Electeurs à la nomination d'une portion du
Peuple ; & en foumettant tous ces Députés
au même genre de fcrutin , vous avez dit
néanmoins, que les uns repréfenteroient la
Nation pour les lois d'Adminiftration , & les
autres pour les lois Conftitutionnelles ; ainfi
tout eft fuppofition dans cet arrangement,
tout eft arbitraire. Comment donc entendre
que les Anglois foient, comme vous le dites,
hors du principe, parce qu'eux , fans aucune
diftinction de circonftances, ont reconnu pour
interprêtes du vœu général , les fentimens
& les penfées du Parlement & du Monarque réunis. Le *principe* confifte , felon vous,
dans la Souveraineté de la Nation , dans la
fuprématie du vœu général ; mais la Confti-
titution d'Angleterre n'a pas enfreint ce principe ; elle a donné feulement , comme la

Conſtitution Françoiſe, un interprête à des autorités purement abſtraites, & la queſtion ſe réduit uniquement à diſcerner, laquelle des deux Nations s'eſt le moins mépriſe dans ſon choix.

La Nation Angloiſe n'auroit pas voulu que les baſes fondamentales de l'ordonnance ſociale puſſent être remuées, d'époques en époques, par des Députés inveſtis légalement d'un pareil pouvoir.

La Nation Angloiſe n'auroit pas voulu non plus que de légers changemens, mais fortement conſeillés par l'expérience, fuſſent rendus impraticables. Cependant, toute correction qui dépendra d'un ſyſtême général de redreſſement, ſera conſtamment incertaine ; car on ne ſauroit combiner un plan de réviſion univerſelle, avec la circonſpection que les grandes innovations exigent, & le rendre propre, en même-temps, aux amendemens d'une moindre importance.

Ainſi les Anglois, ſans allumer, comme

nous, leurs flambeaux aux clartés métaphyfiques, mais guidés fimplement par la lumière
du bon fens ou de l'expérience , par cette
lumière moins étincelante , mais plus fixe,
les Anglois , dis-je , ont penfé que les
mêmes Pouvoirs, dignes de régler leur légiflation civile & criminelle , leur légiflation
de commerce , leur légiflation de finance
& toutes les parties actives de leur Gouvernement , étoient capables auffi d'obferver
le mouvement de leur machine politique, &
de porter la main aux rouages , dont le
temps auroit affoibli les refforts , ou dont
l'expérience auroit fait connoître l'imperfection primitive.

Les Anglois perfuadés que les hommes
les plus inftruits dans la connoiffance du
bien de l'Etat, s'ils ont, en même temps, uu
intérêt véritable à vouloir ce bien & à l'aimer, font les meilleures interprètes du vœu
perpétuel d'une Nation, de ce vœu plus vaste
encore que le vœu général , ont remis la
chofe publique en fon entier , fous la garde

réunie des trois Pouvoirs établis par leur Conſtitution.

L'opinion publique , dont ces mêmes Pouvoirs ſont environnés , & le beſoin qu'ils ont de compter avec elle , inſpirent à la Nation la plus parfaite tranquillité ſur l'uſage qu'ils ſe permettront de faire de l'autorité étendue dont ils ſont inveſtis. On ne peut imaginer , en politique , aucun ſyſtême de précaution , qui ne doive être terminé par la confiance ; car les ſurveillés & les ſur-veillans , les réviſés & les réviſans ſont tou-jours des hommes ; ainſi , pourvu que cette confiance ſoit miſe à ſon rang par les fonda-teurs d'un ordre ſocial , le but dont ils ont à s'occuper eſt rempli , d'auſſi près que l'imperfection des choſes de ce monde en donne le moyen.

Montrons ici , par un contraſte , à quelle imagination bizarre on eſt forcé de recourir , lorſqu'en formant une Conſtitution politique, on veut la réparer , comme on l'a conſtruite, à l'aide des ſoupçons & des défiances.

Le Titre VII de la Conſtitution Françoiſe, préſente en détail la manière dont on devra procéder à la réviſion de cet ouvrage. Je le rapporterai d'abord en entier, afin de mettre les lecteurs à portée de ſuivre mes remarques avec facilité (1).

---

(1) T I T R E V I I.

De la réviſion des Décrets Conſtitutionnels.

ARTICLE PREMIER.

L'Aſſemblée Nationale Conſtituante déclare que la Nation a le droit impreſcriptible de changer ſa Conſtitution; & néanmoins, conſidérant qu'il eſt plus conforme à l'intérêt national d'uſer ſeulement, par les moyens pris dans la Conſtitution même, du droit d'en réformer les articles dont l'expérience auroit fait ſentir les inconvéniens, décrète qu'il y ſera procédé, par une Aſſemblée de Réviſion, en la forme ſuivante.

II. Lorſque trois Légiſlatures conſécutives auront émis un vœu uniforme pour le changement de quelque article Conſtitutionnel, il y aura lieu à la réviſion demandée.

III. La prochaine Légiſlature & la ſuivante ne pourront propoſer la réforme d'aucun article Conſtitutionnel.

IV. Des trois Légiſlatures qui pourront, par la ſuite, propoſer quelques changemens, les deux premières ne

Jettons un coup-d'œil rapide fur cet échaf-
faudage , inventé par nos Légiſlateurs , pour
exécuter , ou dans ſon enſemble , ou dans
quelques parties , une reconſtruction ſi preſ-
ſée & ſi éminemment néceſſaire.

On apperçoit d'abord , qu'on a rendu

---

s'occuperont de cet objet que dans les deux derniers mois
de leur dernière Seſſion , & la troiſième à la fin de ſa
première Seſſion annuelle , ou au commencement de la
ſeconde.

Leurs délibérations ſur cette matière , ſeront ſoumiſes
aux mêmes formes que les Actes Légiſlatifs; mais les
Décrets par leſquels elles auront émis leur vœu , ne ſeront pas ſujets à la Sanction du Roi.

V. La quatrième Légiſlature , augmentée de deux cens
quarante-neuf membres , élus en chaque Département ,
par doublement du nombre ordinaire qu'il fournit pour
ſa population , formera l'Aſſemblée de Réviſion.

Ces deux cents quarante-neuf membres ſeront élus ,
après que la nomination des Repréſentans au Corps Légiſlatif aura été terminée , & il en ſera fait un procès-
verbal ſéparé.

L'Aſſemblée de Réviſion ne ſera compoſée que d'une
Chambre.

VI. Les membres de la troiſième Légiſlature qui auront
demandé le changement , ne pourront être élus à l'Aſſemblée de Réviſion.

immuables, pendant dix années, non pas un petit nombre de principes dignes d'être éternels, mais 329 articles (2) dont plusieurs sont déjà réprouvés par la voix imposante de l'expérience. Nos premiers Législateurs ont commandé au Gouvernement de marcher, sans lui donner aucun principe de mouvement, & ils ont en même temps

---

VII. Les membres de l'Assemblée de Révision, après avoir prononcé tous ensemble le serment de vivre libres ou mourir, prêteront individuellement celui de se borner à statuer sur les objets qui leur auront été soumis par le vœu uniforme des trois Législatures précédentes; de maintenir au surplus, de tout leur pouvoir, la Constitution du Royaume, décrétée par l'Assemblée Nationale Constituante, aux années 1789, 1790 & 1791; & d'être en tout fidèles à la Nation, à la Loi & au Roi.

VIII. L'Assemblée de Révision sera tenue de s'occuper ensuite, sans délai, des objets qui auront été soumis à son examen : aussi-tôt que son travail sera terminé, les deux cent quarante-neuf membres, nommés en augmentation, se retireront, sans pouvoir prendre part, en aucun cas, aux Actes Législatifs.

(2) Il n'y a pas 329 articles constitutionnels numérotés; mais plusieurs sont composés d'injonctions différentes, distinguées seulement par des alinéas.

défendu à leurs fucceffeurs de lui prêter fecours, & de le délivrer de fes chaînes. Ils ont femé tous les germes de défordre, par un fyftême politique, où nulle proportion n'eft obfervée, & ils ont défendu d'y rétablir l'équilibre, avant le terme qu'ils ont jugé à propos de fixer. Jamais teftateurs ne furent plus defpotiques, & jamais légataires ne furent néanmoins difpofés à plus de foumiffion & de docilité.

Enfin, quoiqu'on ait rendu moralement poffible, après dix ans d'attente, le perfectionnement de la Conftitution, on voit, en examinant de près, les conditions impofées à toute efpèce de changement, que, fans une réunion de circonftances, hors de toutes les règles de probabilité, il n'y auroit aucun moyen de modifier la plus petite partie du nouveau fyftême politique de la France.

Qu'exige-t-on, en effet, pour rendre feulement légale la convocation d'une Affemblée, autorifée à prononcer fur l'admiffion ou la rejection de tel ou tel amendement

propofé ? On demande que trois Légiflatures *confécutives*, les deux premières écartées, s'accordent parfaitement enfemble, non
pas fur un principe, non pas fur une idée
générale, mais fur un nouvel article conftitutionnel, exprimé par l'une d'elles, avec toute
la précifion d'un Décret. Suppofons donc,
que par hafard, trois Légiflatures confécutives
reconnuffent également la néceffité, ou d'exiger une propriété de la part des Députés à l'Affemblée Nationale, ou de former à
l'avenir le Corps Légiflatif de deux Chambres, ou d'accroître les prérogatives Royales,
l'unanimité de leur opinion, fur le principe
général, ne permettroit pas de convoquer
l'Affemblée de Révifion, à moins que leur
vœu fur la nature même du changement,
& leur vœu manifefté par un Décret, ne
fût *uniforme.* Comment une telle réunion,
une telle fimilitude peut-elle être efpérée ?
je ne connois que des adjectifs dont l'accord avec leurs fubftantifs puiffe être opérée
de cette manière ; mais attendre la même

fympathie entre différens amours - propres, entre des amours - propres d'auteur, entre des amours-propres François, c'eſt vouloir foumettre tous les amendemens de la Conſtitution à des conditions qu'on doit défefpérer de voir jamais remplies.

Il femble que les rédacteurs du projet de réviſion, adopté par l'Affemblée Conſtituante, ayent eu le fentiment de l'embarras où ce projet les conduifoit ; car ils ont cherché à efquiver la difficulté, à l'aide d'une énonciation, où l'on ne trouve pas la clarté qu'exigeoit une queſtion d'une fi haute conféquence ; en effet, cette expreffion, *lorfque trois Légiſlatures conſécutives, auront émis un vœu uniforme, pour le changement de quelqu'article Conſtitutionnel*, n'indique pas affez diſtinctement, fi, pour la convocation de l'Affemblée de Réviſion, il fuffira que trois Légiſlatures conſécutives veuillent un changement quelconque, à tel ou tel article de la Conſtitution, ou s'il faudra de plus, qu'elles s'accordent fur la nature du changement ;

ces

ces deux idées, si différentes, ne font diftin-
guées que par une fubtilité grammaticale,
par le choix de l'article qui précède le mot
changement. Expliquons cette particularité,
vraiment extraordinaire, dans une difpofition
qui intéreffe le deftin d'un Empire. *Emettre un*
vœu uniforme pour le *changement*, fignifie
en françois, que le vœu uniforme détermi-
nera l'efpèce de changement ; mais *émettre*
un vœu uniforme pour un *changement*, indi-
queroit que le vœu uniforme concerneroit
un changement quelconque. Eft - il poffible
que de graves Légiflateurs euffent voulu
féparer deux idées fi oppofées, par un trait
imperceptible ? eft-il poffible qu'il fe fuffent
bornés à les diftinguer, par la feule différence de l'article défini à l'article indéfini,
fi eux-mêmes n'avoient pas été embarraffés ?
mais ils n'ont pas fauvé leur réputation par
cette adreffe ; car le réfultat de la feconde
interprétation ne vaudroit pas mieux que le
réfultat de la première, ou du moins, il
préfenteroit d'autres inconvéniens, puifqu'il

Tome I.   H

donneroit à l'Assemblée de Révision un pouvoir extraordinaire , un pouvoir que les Législatures précédentes & les Législatures
suivantes ne voudroient point reconnoître.
Supposons , en effet, trois Législatures consécutives , réunies d'opinion , sur la convenance de mettre la propriété , au nombre des
conditions nécessaires pour être à l'avenir
Représentans de la Nation ; ce seroit alors
la quatrième qui auroit seule le droit de fixer
la quotité de cette propriété. Supposons encore les trois Législatures réunies pour l'établissement de deux Chambres , ce seroit à
la quatrième à prononcer sur la nature & les
attributs de cette nouvelle section du Corps
Législatif. On voit que la liberté , laissée à
la quatrième Législature , lui conféreroit un
pouvoir immense , un pouvoir très-supérieur
à l'influence du vœu réuni des trois Assemblées précédentes.

Tenons - nous en donc au sens littéral
que présente l'article du Code de révision,
& qui semble confirmé par l'obligation

impofée aux Légiflatures, de rédiger en Décret leur vœu pour tel ou tel changement à la Conflitution ; car cette forme s'applique mieux à des précifions, qu'à des idées générales.

Il n'en eft pas moins vrai que l'Affemblée Conflituante ne s'eft pas exprimée avec la clarté qu'exigeoit une difpofition d'une fi grande importance, & j'aurai occafion de montrer comment, dans une autre pofition difficile, elle s'eft expliquée avec la même obfcurité.

Reprenons la fuite de nos obfervations. Il ne fuffira pas d'une rencontre miraculeufe, entre les vœux précis de trois Légiflatures, pour légitimer un nouvel article de Conflitution ; elle autorifera feulement la convocation d'une Légiflature plus nombreufe que les précédentes, & à cette quatrième appartiendra le droit de déclarer, fi le vœu des trois autres doit être admis ou rejetté.

Enfin, comme fi ce n'étoit pas affez de

toutes ces entraves , on a élevé encore de petites difficultés d'exécution , qui feront également obftacle à la révifion du Code Conftitutionnel.

On n'a donné que deux mois aux Légif-latures pour s'occuper de l'examen de la Conftitution ; terme bien court , fur-tout avec l'obligation de faire trois lectures de chaque projet de Décret, & à des intervalles dont aucun ne peut être moindre de huit jours.

On a de plus ordonné , & toujours conftitutionnellement, que fi la troifième Légiflature , d'accord avec les deux précé-dentes , demandoit un changement à la Conftitution , aucun de fes Membres ne pourroit être Député à l'Affemblée de Révifion. Or, cette Affemblée fera en même temps Légiflature ; ainfi les Membres de la troifième Légiflature , pour avoir voté un changement à la Conftitution , feront exclus du droit d'être éligibles à la Légif-lature fuivante. Une telle condition , véri-

tablement pénale , gênera leurs fuffrages ;
elle met leur intérêt particulier en oppofition avec la convocation d'une Affemblée de
Révifion.

On apperçoit bien le motif d'une pareille
difpofition : le Comité de Conftitution a
voulu empêcher que les mêmes Députés,
dont l'opinion auroit déterminé la révifion
d'un Article Conftitutionnel, ne devinffent
juges, en quelque manière, de leur propre
opinion, par leur affiftance à l'Affemblée de
Révifion ; mais il eut donc fallu , par le
même principe, interdire aux Députés de la
Légiflature , qui auroit voté la première
pour cette révifion, d'être éligibles pour la
feconde, & aux Députés de la feconde,
d'être éligibles pour la troifième ; car la
troifième Légiflature , aux termes du Code
Conftitutionnel, n'influe pas plus que les
deux précédentes fur la convocation d'une
Affemblée de Révifion, puifque le vœu uniforme de trois Légiflatures confécutives peut
feul légitimer cette convocation.

On ne peut se dissimuler que toute la partie du Code François, relative à la révision des Décrets Constitutionnels, n'ait été combinée & rédigée avec une précipitation tout-à-fait en contraste avec la haute importance de l'objet.

J'en ai dit assez sur cette matière, & cependant je ne puis m'empêcher de faire observer encore l'étrange bisarrerie, qui pourroit être le résultat d'une des dispositions adoptées par nos premiers Législateurs. Il faut, selon leur Code, une pleine uniformité d'opinion entre trois Assemblées *consécutives*, afin de provoquer un amendement quelconque dans la Constitution. C'est en ce moment, sur l'expression *consécutives* que je m'arrête, & je dis qu'aux termes d'un tel article, la majorité du Peuple François, la majorité de ses Représentans, la majorité des Législatures, pourroient vouloir expressément un changement à la Constitution, sans avoir jamais la faculté d'y parvenir; & cette Souveraineté Natio-

nale, fi faftueufement rappelée, feroit entra-
vée par une forme, feroit mife en échec
par une méthode. Développons, en peu de
mots, cette propofition.

Les Légiflatures A & B feront d'un
même avis, pour un changement quelconque
à la Conftitution.

La Légiflature C penfera différemment ;
ainfi l'opinion des deux autres fera comme
non avenue, puifqu'il faut une parité de
vœux entre trois Légiflatures *confécutives*,
pour légitimer la convocation d'une Affemblée de Révifion.

Viendront enfuite les Légiflatures D &
E, qui partageront exactement l'opinion des
Légiflatures A & B.

Mais fi la Légiflature F, qui fuivra les
Légiflatures D & E, ne penfe pas comme
elles, leur fentiment n'aura point d'effet.

Voilà déjà, dans ma fuppofition, quatre
Légiflatures fur fix, dont les vœux unifor-
mes font écartés, font anéantis par l'avis
oppofé des deux autres. On peut étendre

H iv

l'hypothèſe infiniment plus loin ; & toujours, en la ſuivant, le nombre ſimple domineroit le nombre double.

Tel eſt, cependant, le réſultat poſſible de l'Article Conſtitutionnel, dont je viens de rendre compte.

Combien d'autres réflexions plus importantes ne ſe préſenteroient pas encore, en examinant l'étrange méthode, inventée par nos Légiſlateurs, pour procéder à la réviſion des articles Conſtitutionnels ? A-t-on prévu, à quelle ſuite d'intrigues & de cabales donneroit naiſſance un ſeul de ces articles, pris à la vérité parmi les principaux, & dont l'amendement ſeroit promené de Légiſlature en Légiſlature, à travers toutes nos paſſions, & après avoir été diſcuté dans toutes les ſociétés politiques ? A-t-on conſidéré s'il étoit poſſible qu'une propoſition, ſéparée, par le haſard des délibérations, de telle autre, qui devoit lui ſervir de modification ou de balance, pût jamais être adopté par les Légiſlatures ſuivantes ? L'Aſſemblée

Conftituante, après trente mois de difcuffions fuivies, n'a pu faifir l'enfemble de notre
nouveau fyftême politique; cependant, c'é-
toit fon propre ouvrage; & l'on veut que,
dans l'efpace de deux mois, une Légiflature
nouvelle puiffe en détacher quelques parties, les remplacer à la hâte, & tranfmettre
cet ouvrage informe, & aux Légiflatures
fuivantes, & à l'opinion publique placée
au-deffus d'elles. Une telle marche feroit à
peine applicable à une Conftitution, formée
par le temps, paffée à toutes fortes d'épreuves, & à laquelle, par conféquent, on n'ap-
percevroit plus que de légères taches; car
peu importeroit alors, qu'on eût fait choix
ou non de la plus sûre manière de corriger ces dernières imperfections. C'eft ainfi
qu'en Angleterre où, depuis l'époque de la
révolution, l'ordre public & la liberté font
également en sûreté, on fupporte, fans peine,
les inégalités qui fubfiftent encore dans la
répartition des droits d'élection au Parlement,
entre les diverfes parties du Royaume; on

fait que ces inégalités n'ont jamais été l'origine d'aucune loi contraire à l'intérêt commun de l'Etat, & on fait encore qu'une
Nation, unie par fes principes & par le fentiment de fon bonheur, a pour fon meilleur
repréfentant l'efprit de morale & de raifon,
quand cet efprit eft encore en honneur chez
une Nation; on fait encore que les inégalités,
dont on fe plaint, feront définitivement changées quand l'opinion publique y attachera
plus d'importance. Mais on ne voudroit pas
racheter une pareille imperfection & de plus
grandes encore, par une difpofition qui por-
teroit la plus légère atteinte à l'autorité &
à la confidération du Monarque & du Parlement; à ces deux Pouvoirs dont l'union
fert de fauve-garde à tous les bonheurs dont
les Anglois jouiffent.

Ces mêmes réflexions, cependant, font
un reproche au génie des Légiflateurs de
la France; puifque, par une marche inverfe,
ils ont rendu incorrigible, & dans fes principes, & dans fes effets moraux, une Conf-

titution neuve en toutes fes parties, & déjà, néanmoins, ouvertement brouillée avec l'expérience ; une Conflitution, dépourvue des moyens néceffaires pour entretenir l'ordre & la véritable liberté ; une Conflitution à laquelle les hommes fages, de tous les pays, croyent appercevoir des défauts de tout genre.

J'avois invité l'Affemblée, dans mon dernier ouvrage, à ne comprendre parmi fes articles Conflitutionnels, qu'un petit nombre d'articles ; & dix ou douze, je crois, auroient fuffi pour donner aux principes fondamentaux du Gouvernement François, & à la liberté civile & politique, toute la flabilité qui dérive des Conventions Nationales. Je fais bien qu'alors on auroit fait voir la reffemblance de ces articles avec les bafes établies par le Roi, le 27 Décembre 1788, avant même la convocation des Etats-Généraux ; & c'eft précifément ce qu'on ne fe foucioit pas de montrer. Quoi qu'il en foit, en réduifant les articles Conflitutionnels à

ce qu'ils devoient être, on auroit pu leur
donner une folemnité qui les auroit gra-
vés dans tous les efprits. On auroit examiné, s'il ne convenoit pas de les inférer
en entier dans les engagemens de fidélité,
exigée des citoyens. Nos Légiflateurs auroient rendu, de cette manière, un hommage
éclairé à la religion du ferment ; au lieu
qu'en obligeant les habitans de la France à
jurer, *qu'ils maintiendront de tout leur pou-*
voir la Conftitution décrétée par l'Affemblée
Conftituante, aux années 1789, 1790 &
1791, & en compofant cette Conftitution
de 329 articles, on exige un ferment té-
méraire, & auquel les hommes les plus
inftruits pourroient manquer à chaque inftant, fans le favoir. C'eft une véritable idée
d'auteur, qu'une pareille formule ; l'on n'y
reconnoit point le caractère de Légiflateur.

En même temps, néanmoins, que l'Affemblée Nationale auroit réduit les Décrets
Conftitutionnels à ce petit nombre de chefs
principaux, fur lefquels une Nation éclai-

rée ne peut jamais varier, on eut approuvé fa
fageffe, fi elle eut rangé, dans une feconde
claffe, les difpofitions qui avoient befoin
d'être confacrées par l'autorité de l'expérience. Et fi, pour fe donner le temps d'obtenir cette Sanction, elle avoit aftreint une
ou deux Légiflatures à n'y rien changer,
une telle diftinction, parfaitement raifonnable en foi, auroit réuni les plus grands
avantages ; car, d'une part, on auroit fouf-
trait à toute efpèce de commotion, les fonde-
mens de l'ordre focial & de la liberté publique ; & de l'autre, on auroit rendu plus
promptes & plus faciles les modifications
d'un genre différent, mais dont on recon-
noîtroit cependant la convenance ou la
néceffité. Plufieurs Etats Américains fe font
conduits de cette manière ; ils ont permis à
leur Corps Légiflatif de faire des changemens
à la Conftitution ; mais ils ont excepté de
cette faculté quelques articles effentiels. Nous
avons, nous, permis de tout remettre en doute;
ainfi, fuppofant que la première Légiflature,

autorisée à revoir la Constitution, propose un nouveau démembrement de l'autorité Royale, ou tout simplement un principe naïvement républicain, je demande si cette proposition, dont la discussion, par une seconde Législature, n'aura lieu qu'après un espace de deux ans moins deux mois, n'achevera pas, dans l'intervalle, d'annuller entièrement la considération du Monarque & l'action du Pouvoir Exécutif remis entre ses mains. C'est ainsi que le crédit seroit entièrement détruit, au moment où une Législature proposeroit la banqueroute aux Législatures qui la suivroient.

Eut-on jamais imaginé que, selon la loi de révision, adoptée par nos Législateurs, il ne seroit, ni plus difficile, ni plus facile de changer la Monarchie en République, que de modifier le plus indifférent de tous les détails, compris, on ne sait pourquoi, dans le Code Constitutionnel ? Je donnerai de ces derniers un seul exemple ; il fait contraste avec les réflexions précédentes. On voit à l'article second , du Chapitre XIV du Code Conſtitutionnel, que le Roi nommera *les Chefs des travaux , ſous-Chefs des bâti-mens civils , & la moitié ſeulement des Chefs d'adminiſtration , & des ſous-Chefs de conſ-truction :* or , je le demande , ces quotités relatives & proportionnelles, tiennent-elles à des vérités ſi éternelles , que leur déter-mination méritât d'être inſcrite ſur la Charte immuable & Conſtitutionnelle de l'Empire François ?

Je ne finirois pas , ſi je faiſois obſerver tout ce qu'il y a de bizarre & de dangé-reux dans le plan correctif de la Conſtitu-tion , imaginé par nos Légiſlateurs. C'eſt à la formation vicieuſe du Corps Légiſlatif, qu'il faut attribuer en partie toutes ces étran-ges idées. On l'a compoſé d'une ſeule Cham-bre, & l'on a craint de lui confier le pou-voir de modifier la Conſtitution , dans ſes moind… détails ; & l'on n'a pas oſé même lui attribuer le droit de convoquer une Con-vention Nationale, au moment où elle jugeroit néceffaire de faire la révifion de quelques articles Conftitutionnels ; & de cette manière, on a été amené à exiger, pour toute efpèce de changement, le vœu uniforme de plufieurs Légiflatures confécutives, & d'affujettir l'émiffion & l'efficacité de ce vœu, à des formalités puériles ou contentieufes, indignes de la grandeur & de la majefté du fujet auquel on les applique.

Certes, fi quelque chofe peut attacher davantage les Anglois aux bafes effentielles de leur Conftitution, c'eft de remarquer aujourd'hui, diftinctement, comment nos Légiflateurs, venus après tous les autres, & hiffés, pour ainfi dire, au haut des idées théoriques & métaphyfiques, ont vu trouble du point où ils fe font placés, & ont pris alors des fubtilités pour la perfection, & des fingularités pour le génie.

CHAPITRE

CHAPITRE VII.

Convocation & durée du Corps Législatif.

Nous remarquerons encore, en traitant ce sujet, de quelle manière la majesté du Trône & la suprématie du Monarque ont été constamment ménagés chez un peuple libre. Les Anglois ont cru que l'action du Pouvoir Exécutif en dépendoit , & ils n'ont jamais oublié que cette autorité étoit destinée à garantir l'ordre public & la régularité du mouvement social. Ainsi , tout ce qu'ils ont pu accorder à ces grandes considérations, sans mettre en danger les principes Constitutionnels , ils n'ont pas hésité de le faire. Voilà les véritables vues politiques ; tandis que les nôtres ont consisté à composer les trophées de la liberté, de la dépouille entière du Gouvernement , en

abandonnant au hafard le maintien de l'harmonie générale.

~ En France , le Corps Légiflatif doit s'affembler, de lui-même, à une époque fixe ;
& les Affemblées primaires , où l'élection
des Députés nouveaux fe commence , doivent être convoquées, tous les deux ans, par
les Départemens , fans aucun avertiffement
ni aucune autorifation de la part du Monarque. Enfin , le Corps Légiflatif , une fois
affemblé, la fufpenfion & la reprife de fes
féances dépendent uniquement de fa volonté.

~ En Angleterre, un Parlement ne peut pas
fubfifter plus de fept ans ; mais la Conftitution donne au Monarque le pouvoir d'en
abréger la durée. Les nouvelles élections font
mifes en mouvement par une Proclamation
Royale , & l'autorité du Monarque apparoît
encore, avec la même folemnité , pour fixer
l'ouverture du Parlement, & pour fufpendre
fes féances.

Ces auguftes prérogatives ne donnent
point d'ombrage au peuple Anglois , n'exci-

tent point fes appréhenfions. Une Nation
fage ne compofe pas fon fyftême de Gouvernement, de tous les genres de foupçons;
ils doivent s'arrêter, lorfque la plus parfaite
prudence a rempli fa tâche : or, comment
peut-on douter que le Monarque d'Angleterre ne convoque à temps le Parlement,
lorfque le confentement du Corps Légiflatif
eft indifpenfable pour la levée des impôts,
pour le payement des dépenfes d'adminiftration, & pour la continuation des lois
qui affurent la difcipline de l'armée, &
lorfque ce confentement n'eft jamais donné
que pour un an ? Le droit de convocation,
attribué au Roi, n'eft plus alors qu'une
prérogative honorable, & elle lui laiffe
uniquement le choix du moment dans un
petit efpace ; liberté qui, circonfcrite de
cette manière, peut être fouvent effentielle
à l'intérêt public. De quel appui feroit à
la Conftitution la faculté donnée au Parlement de s'affembler fans Proclamation, fi
jamais un Roi d'Angleterre avoit la puif-

fance & la volonté de lever des impôts de
fa propre autorité ! Le Royaume feroit alors
en pleine révolution ; il ne feroit ni fauvé,
ni perdu par une forme : fon deftin dépen-
droit de la réunion de tous les citoyens,
amis de la liberté & des lois de leur pays.
C'eft en voulant cumuler précautions fur précautions ; c'eft en y facrifiant légèrement la
Majefté Royale, qu'on s'engage dans un fyftême de défiance dont on ne peut plus revenir, & qui finit par devenir néceffaire,
en multipliant inconfidérément les offenfes
& les motifs d'irritation. C'eft ainfi qu'on a
voulu fonder, en France, un ordre focial,
fans égards mutuels, fans convenances réciproques ; mais les chaînes de fer, dont
on s'eft fervi pour foutenir un pareil fyftême, n'égaleront pas en durée les doux
liens qui uniffent enfemble toutes les parties
de la Conftitution d'Angleterre.

Le droit de diffoudre le Parlement, pour
ordonner de nouvelles élections, ce grand
privilége dont jouit encore le Monarque

Anglois n'étoit pas effentiellement applicable
à la Conftitution Françoife ; puifque cette
Conftitution a borné la durée des Légiflatures à deux ans, & pendant un efpace fi
court, on ne pourroit attendre avec vrai-
femblance aucun changement effentiel dans
l'efprit des Affemblées Electorales ; ainfi, ce
feroit inutilement qu'on auroit recours à
de nouveaux choix, fi, dans le cours d'une
Légiflature, la conduite répréhenfible de fes
Membres confeilloit une pareille mefure ;
mais on ne peut pas confidérer du même
œil la liberté laiffée à chaque Légiflature
de continuer fes féances fans interruption ;
car, dès que cette interruption dépendra
uniquement de leur volonté, il n'y en aura
jamais. Comment imaginer, en effet, qu'elles
veuillent quitter un théâtre où elles ne
doivent figurer que deux ans ? Cet éclat
leur femblera trop attrayant, pour y renoncer un moment. Vingt-quatre mois de féance
fuffifent à peine pour laiffer le temps à
chaque Député d'avoir place dans le Logo-

graphe, & pour faire arriver, dans leur Diſtrict ou leur Municipalité, quelques paroles d'eux un peu remarquables. Il y aura conſtamment ſur les 745 Députés, 740, peut-être abſolument neufs à la gloire. Il faudra bien qu'ils s'eſſayent à cette conquête, il faudra bien qu'ils jouiſſent, les uns de leurs ſuccès, les autres de leurs eſpérances, les autres de leur part au triomphe commun. Deux ans ne ſeront rien pour tant de jouiſſances. Ajouterons-nous que les dix-huit francs par jour, exactement payés, ſeront auſſi peut-être un lien imperceptible; c'eſt un ſimple ſoupçon, mais la choſe eſt poſſible. Et quel plaiſir encore, pour tous ces Meſſieurs, de donner des ordres chaque jour à leur premier Commis, le Roi de France! Quel plaiſir, pour certains d'entr'eux, de s'en aller quatre à quatre ſe faire ouvrir les deux battans chez un deſcendant de Hugues Capet! Quel plaiſir encore, de faire apparoître, au coup de ſifflet, tous les Miniſtres à la barre!

Ah ! jamais on ne pourra quitter de plein gré ces fonctions enivrantes.

Cependant, si les séances d'une Législature ne sont interrompues, en aucun temps, & si, selon la loi constitutionnelle, les Législatures doivent se succéder immédiatement, leur permanence, de fait & de droit, sera déclarée, & à telle condition le Pouvoir Exécutif demeurera sans force & sans considération ; car il sera constamment éteint par la présence habituelle d'une autorité plus efficace que la sienne. Et comme les affaires vont chercher la puissance réelle, quand l'accès vers cette puissance est toujours ouvert, c'est à l'Assemblée Nationale que tout le monde s'adressera ; & cette Assemblée, en se résignant facilement à l'accroissement de sa domination, deviendra, chaque jour davantage, le point de réunion de tous les genres de volontés & de tous les genres de pouvoir. Elle réservera seulement au Gouvernement les objets d'une décision épineuse ou désagréable, & se

ménagera le moyen de le cenfurer à coup
sûr, en prenant pofte avec prudence derrière les évènemens.

Le Roi d'Angleterre, malgré fes émi-
nentes prérogatives, ne pourroit, je n'en
doute point, conferver la confidération effentiellement néceffaire à fes fonctions politiques, fi la Conftitution ne lui avoit pas attribué le droit de fufpendre les féances du
Parlement. Il juge ainfi du moment, où
la difcuffion des affaires publiques étant
terminée, il feroit à craindre que l'activité
d'une Affemblée nombreufe ne dégénérât
dans un mouvement dangereux, & ne fît
naître infenfiblement l'efprit d'intrigue &
de faction. Un ordre focial eft un ouvrage
de fageffe & de proportion : nos Légiflateurs n'ont pu le voir, parce qu'ils ont
tiré toutes leurs lignes hors d'un principe
abftrait, & les ont conduites enfuite auffi
loin qu'elles pouvoient aller. Voilà leur
grande faute, voilà la fource de tous nos
malheurs ; on retrouve à chaque pas cette

vérité. Ils ont dit : la Nation eſt Souveraine,
le Corps Légiſlatif eſt compoſé de ſes Repréſentans , donc on doit lui laiſſer la
liberté de diſcourir , délibérer & décréter
tout auſſi long-temps qu'il lui plaît ; mais
la Nation n'eſt Souveraine que d'une certaine manière , le Corps Légiſlatif n'eſt ſon
Répréſentant que d'une certaine manière ,
& ſon pouvoir , par conſéquent , ne doit
exiſter que d'une certaine manière. Voilà
ce que les Anglois, ces philoſophes en pra-
tique , ces philoſophes reſpectueux envers
l'expérience, ont ſu voir, ont ſu connoître.
Leurs méditations, leurs épreuves, avoient
préparé notre tâche. Nos amour-propres &
nos vanités, n'ont pas voulu de cet aide ;
c'eſt au commencement de tout que nos
Légiſlateurs ont eu la prétention de ſe placer ; & en partant de ſi loin, les forces leur
ont manqué dans la route, & à une grande
diſtance du but.

Il me reſte à préſenter quelques obſervations ſur le terme fixé à la durée des Aſſem-

blées Légiſlatives. Ce terme, en France, eſt
de deux ans; il peut s'étendre juſques à ſept
en Angleterre : or, ſous le rapport de l'ordre public, il n'eſt pas douteux que le
renouvellement des Députés, tous les deux
ans, ne réuniſſe de grands inconvéniens.
L'unité des principes en Légiſlation & leur
ſtabilité, ont toujours formé la plus ſûre
garantie de l'obéiſſance des Peuples & de
leur reſpect pour les lois. Comment attendre cette ſuite & cette harmonie, comment
en concevoir l'eſpérance, avec le changement
continuel des Légiſlateurs ? Le premier effet
d'une autorité trop paſſagère, c'eſt d'inſpi-
rer l'empreſſement d'agir, & l'impatience de
ſe ſignaler ; & comme il faut néceſſairement
du temps, pour jouir des honneurs de la
prudence & de la ſageſſe, lorſqu'on refuſe
ce temps à des hommes inveſtis d'un grand
pouvoir, il eſt dans la nature qu'ils courent
après le genre de gloire dont la moiſſon eſt
plus accélérée ; cette gloire conſiſte, pour
l'ordinaire, en des exagérations de prin-

cipes, en des mouvemens prononcés, en
de faux héroïsmes; & ces développemens,
dangereux dans tous les temps, le sont bien
davantage au moment où il ne reste plus
rien à faire en révolution, & où l'esprit de
perfection, l'esprit de conservation, deviennent les seuls nécessaires.

Qu'on prenne garde aussi à cette répétition continuelle d'études & de noviciats,
qu'entraine le renouvellement trop fréquent
des Législateurs. Combien de temps perdu!
combien d'apprentissages à supporter! combien d'épélemens à endurer! car ce n'est pas
des lois, uniquement, dont les Assemblées
Nationales s'occupent; leur pouvoir & leur
goût pour l'autorité les associent promptement à l'Administration; leurs Comités se
divisent le Gouvernement du Royaume, &
au moment où leur science est formée, ils
cèdent la place à leurs successeurs, qui repren-
nent, à leur tour, les affaires par le commencement, & qui ont besoin de cette méthode,
afin de ne pas s'égarer sur une terre inconnue.

Enfin, c'est une faute contre l'ordre social,
que de rassembler trop souvent le Peuple
pour des élections, & de le rappeler ainsi
continuellement au sentiment de sa force.
Que dites-vous là ? n'est-ce pas notre Souverain, ce Peuple ? n'est-ce pas notre maître ?
& pouvons-nous trop multiplier les occa-
sions de connoître ses volontés ? Voilà ce
que répéteront, sans le penser, les hommes
qui espèrent le gouverner ce maître ; qui
se flattent de le gagner avec leurs lâches flat-
teries, & de fonder, de cette manière, leur
tyrannique autorité ; je les renvoye à leur
propre conscience, j'aurois honte de disputer
contre leur hypocrisie.

C'est de bonne foi qu'on fait un autre
raisonnement. On dit qu'en renouvellant
tous les deux ans les membres des Législatures, on les met davantage à l'abri des
séductions ; mais un Législateur de passage,
& qui voit de près son retour à l'état
d'homme privé, ne sera-t-il pas de plus
facile composition, que s'il avoit une plus

longue exiftence d'homme public ? Ne fera-
t-il pas de plus facile compofition , s'il a peu
de temps à cacher fa honte , que s'il eft
forcé de l'endurer, ou de la diffimuler pendant plufieurs années ? Je ne fuis pas expert
en calculs de corruptibilité , mais je ferois
encore celui-ci. Suppofons un Gouvernement,
occupé dans tous les temps de gagner, par
fes bienfaits , les Députés aux Légiflatures,
il auroit , fous un rapport très-effentiel , un
plus grand nombre de moyens pour les féduire , fi leur autorité fe bornoit à deux ans,
que fi elle s'étendoit beaucoup davantage ;
car , dans un fi court paffage , les hommes
corruptibles ne peuvent rejetter les promeffes
vagues, puifque le temps manque vifiblement ·
pour les effectuer, & du moment qu'on peut
employer la monnoie des illufions , on a des
tréfors inépuifables ; mais lorfque les mêmes
Députés reftent fix ou fept ans en fonction,
comme au Parlement d'Angleterre , le moment des réalités arrive néceffairement , & le
nombre en eft par-tout infiniment circonfcrit.

Mais que ces calculs foient juftes , que
d'autres foient meilleurs , ou moins bons ,
dédaignons-les tous également ; & nous arrêtant à des idées plus nobles & plus grandes , difons que l'homme moral eft à l'abri
des atteintes de la corruption , & que
l'homme, préparé par fon caractère , à ce
genre de féduction , y cède en un moment
comme en un jour. Soignons donc conftamment les principes d'honneur & de vertu ,
& ne croyons jamais pouvoir fuppléer à leur
affiftance ; eux feuls agiffent dans tous les
fens ; eux feuls combattent pour nous , &
protégent notre foibleffe ; eux feuls auffi ,
quand ils deviennent un objet de culte , affurent aux Nations leur bonheur & leur tranquillité , & fervent à marquer la tracé des
véritables Légiflateurs.

CHAPITRE VIII.

Le Pouvoir Judiciaire.

L'Assemblée Nationale a porté le même esprit dans toutes ses institutions, & en voulant tout attirer à son principe de prédilection, elle a fait des sacrifices continuels à une seule idée. La liberté, garantie par le pouvoir du Peuple, a formé l'unique objet de ses spéculations, & l'ordre public, garanti par l'autorité du Gouvernement, ne l'a jamais occupée que par accident. On retrouve l'application de cette remarque jusques dans l'organisation de l'Ordre Judiciaire.

Les Juges, selon la nouvelle Constitution, doivent être nommés par des Electeurs au choix du Peuple ; la désignation particulière de l'Accusateur public dépend encore de leur suffrage , & le renouvellement des élections se fera tous les six ans.

. Les Juges, en Angleterre, font nommés par le Roi, & ils ne peuvent être révoqués que pour caufe de forfaiture.

La différence eft grande, & fous le rapport de l'ordre public, & fous le rapport de la majefté du Trône.

L'indépendance, ce premier caractère que l'on demande dans un Juge, appellé à réprimer le crime & à venger l'innocence ; ce caractère facré, & l'impartialité, le courage, qui en font une fuite, toutes ces qualités ne peuvent exifter dans leur plénitude, lorfqu'on a befoin du fuffrage des mêmes hommes envers lefquels on doit exercer une autorité févère, lorfqu'on a befoin de ce fuffrage, & pour être continué dans les fonctions dont on eft revêtu, & pour obtenir d'autres places encore plus recherchées.

Il eft des Juges, fans doute, qui, par leur caractère, auront toujours droit à des exceptions ; mais je confidère la queftion fous les rapports généraux de la nature humaine, & je vois, qu'en plaçant les arbitres de nos

plus

plus précieux intérêts, entre la crainte &
l'efperance, on a foumis aux impreffions de
l'intérêt perfonnel les hommes, dont on a
toujours dit qu'ils devoient être impaffibles
comme la loi.

Cependant, fut-il jamais Conftitution, où
la vertueufe fermeté d'un Magiftrat parut
plus néceffaire ? la juftice fera rendue en
publ'c, au milieu d'un Peuple inftruit de
fa force & enivré de fa puiffance ; au milieu
d'un Peuple, entretenu dans l'irritation par
le fpectacle habituel des difparités de partage,
inhérentes au vieil âge d'une Nation , & à
l'accroiffement journalier des richeffes ; au
milieu d'un Peuple, naturellement paffionné,
& qu'on affranchit chaque jour davantage du
joug de la morale ; au milieu d'un Peuple
enfin qui aborde aujourd'hui fes chefs , en
tenant d'une main le fer de la vengeance,
& de l'autre, la lifte enluminée de toutes les
places honorifiques & profitables , auxquelles, feul, il a le droit de nommer. Ce
fera donc les regards fixés fur leurs maîtres &

sur leurs rémunérateurs, que, dans les caufes civiles, les Juges, élus par le Peuple, rendront à eux feuls des arrêts définitifs, & que, dans les affaires criminelles, ils auront à diriger les Jurés, & à prononcer des fentences. Réduits cependant au nombre de trois, quatre, ou cinq au plus, lorfqu'ils feront tous préfens au Tribunal, leur refponfabilité deviendra prefque perfonnelle ; & qui ne fait avec quelle facilité les Magiftrats ont toujours la faculté de diffimuler leur foibleffe, en la déguifant fous les apparences de cette juftice, dont ils font les feuls interprêtes ? J'ai dit qu'en Angleterre, les Juges étoient nommés par le Roi, & qu'à moins d'une preuve de forfaiture, ils étoient inamovibles ; c'eft ici le moment d'ajouter qu'ils ne peuvent pas être élus membres de la Chambre des Communes ; ainfi la Nation Angloife a pris autant de foin de leur indépendance, que nous avons négligé cette importante confidération, dans toutes les circonftances de notre Conftitution Judiciaire.

Observons encore que, les Juges en France, soumis à de nouvelles élections, tous les six ans, ne pourront pas même obtenir cet ascendant, qui naît d'une longue considération. La réputation s'acquiert lentement dans l'exercice des fonctions de la Magistrature ; car la pureté du cœur, & la justesse de l'esprit, n'éclatent pas avec la même promptitude que le talent ; ainsi le temps seul attire, vers ces précieuses qualités, les hommages des hommes. Cependant, toutes les fois qu'on prive les Magistrats des moyens nécessaires pour obtenir une considération personnelle, on les rend plus accessibles à l'intérêt ; & il ne faut jamais désespérer l'amour de la réputation, ce sentiment, rival de tant d'autres passions plus dangéreuses.

Enfin, on doit aux habitans d'un pays de leur donner, pour arbitres de leur fortune & de leur honneur, non pas seulement des hommes dignes d'une pareille fonction, non pas seulement des hommes, qu'un petit nombre d'Electeurs, guidés par différens motifs, y auront appellés; mais des hommes qui, par un long exercice des vertus judiciaires, parviennent à fonder & à élever, d'une manière éclatante, la réputation d'un Tribunal; précieuse renommée, qui répand le calme dans l'intérieur de la vie civile, & qui nous avertit, bien avant le temps où nous aurons besoin de justice, qu'au jour où nous pourrons la requérir, elle nous sera faite par des Magistrats, en état de la connoître, & environnés de la considération nécessaire pour la soutenir & pour la défendre.

L'état actuel de l'Ordre Judiciaire, en France, ne nous présente rien de semblable, & ne sauroit nous l'offrir. Qui de nous, en effet, même en vivant au milieu de Paris, seroit instruit, par la voix publique, de l'opinion qu'il doit avoir des Juges du premier, du second, du troisième, & jusqu'au sixième arrondissement de la Capitale? Et quand on commenceroit à acquérir des lumières à cet égard, c'est

alors, peut-être, que ces mêmes Tribunaux,
feroient renouvellés. La diftinction par numé-
ros, adoptée pour les défigner, fert encore
à rendre notre attention plus vague &
plus pénible ; c'eft la même qu'on a fuivie
pour les Régimens des troupes de ligne ;
on a voulu, je crois, en décolorant tout,
établir l'égalité jufques dans le domaine de
l'imagination.

Les Juges d'Angleterre font choifis entre
les hommes qui jouiffent de la plus haute
confidération, & par leur fcience, & par
leur caractère moral, & il eft rare que la
défignation du public ne précède la nomination du Monarque. Sans doute, ces choix
diftingués font plus faciles, lorfque douze
Magiftrats fuffifent, comme en Angleterre,
aux fonctions fupérieures de l'Ordre Judiciaire. L'ambulance des Juges, établie par
les lois, difpenfe d'en avoir un plus grand
nombre ; mais en France, où cette forme
n'eft point introduite, & où les Tribunaux
fédentaires ont été multipliés, en proportion

K iij

des différentes fections du Royaume , il n'eut pas été raifonnable d'attribuer au Gouvernement la nomination abfolue de tous les Membres de ces Tribunaux, & le Monarque auroit approuvé lui-même, que fon choix eut été circonfcrit de quelque manière. Mais, loin d'adopter, à cet égard, un fyflême de fageffe & de déférence , on a rabaiffé, jufques dans les formes, la dignité Royale, & voici les propres termes de l'Article Conftitutionnel : « La juftice fera rendue » gratuitement, par des Juges élus à temps » par le Peuple , & inftitués par Lettres, » Patentes du Roi , *qui ne pourra les re-* » *fufer.* »

Qui ne pourra les refufer ! Ainfi, l'on n'introduit le Monarque dans cette partie importante de l'ordre politique, qu'à titre d'Expéditeur ou de Prête-nom, & le Roi des François fera obligé de donner des Lettres d'inftallation, à tel Juge qui lui fera indiqué, n'importe que le Gouvernement eût des preuves certaines de l'immoralité

de ce nouvel arbitre de notre honneur &
de notre fortune. Une telle contrainte a
quelque chofe de tyrannique, & les expreffions feules d'une pareille loi font incompatibles avec la majefté du Trône & avec
la confidération effentiellement néceffaire au
Chef fuprême de l'Adminiftration. C'eft une
étrange contradiction, remarquée à chaque
inftant dans les innovations fyftématiques de
l'Affemblée Conftituante, que d'avoir voulu
attacher l'obéiffance des Peuples & l'action
du Gouvernement à l'autorité du Monarque, & d'avoir, en même temps, féparé le
Chef de l'Etat de tous les grands intérêts
de la Nation. Nos Légiflateurs ont imaginé que l'opinion fe prêteroit à toutes
leurs confignes ; mais accoutumée à réunir
les principes de foumiffion avec les fentimens de refpect & de confiance, elle s'eft
trouvée déroutée par nos analyfes philofophiques, & la confufion s'eft par-tout introduite.

Il eft une autre forte de Magiftrats, en

France comme en Angleterre, & dont la nomination a lieu pareillement d'une manière différente dans les deux Royaumes : ce font les Officiers publics, chargés de veiller à l'entretien journalier du bon ordre. Ces fonctions font divifées, par notre nouvelle Conftitution, entre les Juges de Paix, les Commiffaires de Police, & les Officiers Municipaux ; & en Angleterre, elles font déférées aux feuls Juges de Paix. Les Villes & les Bourgs ont bien des Officiers Municipaux ; mais leur infpection fe borne aux grandes parties de la Police, telles que l'alignement des rues, leur clarté, leur propreté, la furveillance fur tous les approvifionnemens d'une néceffité abfolue, &c. Quelquefois, cependant, le Chef Municipal d'une ville eft en même temps Juge de Paix, foit par une Commiffion du Monarque, foit en vertu d'une ancienne prérogative attachée à fa place.

Ainfi donc, les Magiftrats de Police, à peu d'exceptions près, font tous à la nomination du Roi d'Angleterre; ils ne peuvent être destitués de leur office que pour forfaiture jugée, ou sur la demande de l'une ou l'autre Chambre du Parlement. Les Commissions de Juges de Paix sont données aux hommes les mieux famés dans les Provinces, & à ceux qui, par leur état ou par d'autres circonstances, ont plus de moyens naturels pour être respectés.

Le Monarque en France n'a pas plus d'influence sur le choix des Juges de Paix & des Commissaires de Police, que sur l'élection des autres Magistrats; leur nomination est faite par le Peuple, sans aucune espèce d'intervention de la part du Roi, & les choix sont renouvellés tous les deux ans.

Ces différences, entre les usages de France & d'Angleterre, sont susceptibles des mêmes observations que j'ai déjà faites, en parlant des Juges civils & criminels. Le Pouvoir Exécutif sera toujours foiblement assisté par des Magistrats de Police dans la main du Peuple, & continuellement amovibles; une grande timidité doit être le réfultat d'une telle organifation, & l'expérience fert de preuve à cette vérité. La ligne de démarcation, qui doit féparer l'utile ufage des autorités de Police, de l'abus de ces mêmes autorités, eft une des plus difficiles à fixer & à obferver ; & au milieu des gênes falutaires, impofées par les lois aux Officiers publics chargés de pareilles fonctions, la fucceffion continuelle de ces Magiftrats rendra le maintien de l'ordre impoffible, dans les villes d'une grande étendue ; & de temps à autre alors, l'empire des circonftances obligera de recourir à des moyens de rigueur ou d'inquifition, incompatibles avec les principes de la liberté.

Fixons maintenant notre attention fur la nomination des Jurés.

Les Anglois inftruits, & par l'expérience, & par leurs réflexions, de l'importance du Pouvoir Exécutif, & des difficultés auxquelles la formation de ce Pouvoir eft affujettie, n'ont négligé aucun des moyens propres à le confolider fans rifque. Conduits par cette penfée, ou par l'efpèce d'inftinct politique, qui fait fouvent l'office du raifonnement, ils ont fait paroître l'autorité du Monarque, toutes les fois que cette intervention n'offenfoit point la liberté civile & politique.

On voit, à chaque inftant, l'application de ce principe, & on le retrouve jufques dans les circonftances, dont la formation des Jurés eft accompagnée.

Les citoyens qui doivent remplir les fonctions de *Jurés d'accufation*, font défignés en Angleterre, par le Schérif du Canton, Officier civil, chargé de diverfes fonctions publiques, & nommé par le Roi.

Le même Officier civil compofe une lifte de citoyens, appelés à remplir les fonctions de *Jurés de jugement*, & fur cette lifte, l'accufé exerce fes récufations, dans les termes fixés par la loi.

En France, les *Jurés d'accufation*, au nombre de huit, font tirés au fort fur une lifte de trente, compofée par le Procureur-Syndic *du Diftriã*, fous l'approbation du Directoire.

Et les *Jurés de jugement*, au nombre de vingt, font tirés au fort, fur une lifte de deux cent, compofée par le Procureur-Syndic *du Département*, fous l'approbation du Directoire, & fur cette lifte, l'accufé, comme en Angleterre, exerce fes récufations dans les termes fixés par la loi.

Il eft de notoriété publique en Angleterre, que les Jurés font conflamment compofés des citoyens les plus dignes de ce genre de confiance, & jamais il ne s'élève de réclamation à cet égard; ainfi l'on n'achète, par aucun inconvénient, la difpofition, qui, en donnant à un mandataire du Monarque, le pouvoir de compofer la lifte des Jurés, concourt ainfi, dans un degré de plus, à la majefté du Trône. Il faut fouhaiter que cette convenance foit la feule perdue par l'attribution, donnée de préférence aux Procureurs-Syndics de Département & de Diftriã; il

faut fouhaiter qu'aucun genre de partialité
n'en foit le réfultat ; il faut fouhaiter encore
que ces Adminiftrateurs, nommés, pour un
temps, par le Peuple, aient conftamment le
même afcendant qu'un Officier Royal , pour
déterminer les citoyens à accepter les fonctions de Jurés. Tout femble indiquer , jufqu'à
préfent , que le plus grand nombre des citoyens fe refufent à cette importante miffion,
& l'on eft effrayé de penfer que l'on court le
rifque de la voir déférée à des hommes indignes de la remplir.

La formation de la lifte des Jurés , par
un Officier Royal , a permis d'y appliquer
un principe , auquel les Anglois paroiffent
attacher beaucoup d'importance. Les grands
Jurés , qui décident fi l'homme, arrété
par ordre d'un Magiftrat , doit fubir un jugement criminel , font conftamment choifis
parmi des citoyens d'une éducation diftin-
guée , & l'on ne s'aftreint pas à la même
règle pour la nomination des Jurés, appelés à prononcer définitivement, fi l'homme,

déclaré fufpeđ par la décifion des hauts Jurés,
eft réellement coupable du crime dont on
l'accufe.

Cette diftinction, introduite en Angleterre
par un ancien ufage , ne l'a pas été fans
motif. Les connoiffances qui déterminent à
confidérer un homme , comme réellement
coupable du crime dont il eft accufé, doivent repofer fur des faits pofitifs , ou fur le
rapprochement de certaines circonftances ,
dont le réfultat préfente un caractère d'évi-
dence; ainfi, de la probité & de l'attention
peuvent fuffire pour la découverte de la
vérité ; mais quand on eft appellé à déterminer, fi un homme mérite d'être foumis
à un jugement criminel, on eft communément obligé de donner une décifion de ce
genre, fur des indices encore épars , & fur
des préfomptions plus ou moins vagues. Il
faut donc que les citoyens , auxquels une
fonction fi délicate eft attribuée , aient un
efprit plus exercé , une pénétration plus rapide; il faut de plus qu'ils foient placés

dans la fociété , de manière à réunir certaines notions générales , qui répandent un
premier jour fur des circonftances particulières; & ces conditions font d'autant plus
effentielles , que les examens des Jurés d'accufation doivent avoir une marche accélérée,
afin de ne pas prolonger , outre mefure , la
procédure criminelle. Enfin , en Angleterre,
comme en France , les petits Jurés , ou
Jurés de jugement , font dirigés par les grands
Juges; les Jurés d'accufation ne le font pas,
& ne doivent pas l'être , puifque ces Juges
affifteroient alors aux deux actions de la
procédure criminelle. Ajoutons , & c'eft ici
l'obfervation la plus importante , ajoutons
que la récufation, en Angleterre comme
en France , n'eft pas admife pour les Jurés
d'accufation , raifon de plus pour apporter
du fcrupule à leur nomination , & pour s'affurer de toutes les garanties que donnent
l'état & l'éducation des hommes dont on fait
choix.

Il n'y aura rien de pareil en France , &

même, selon les règles de la vraisemblance, le choix des Jurés d'accusation sera moins bon que le choix des Jurés de jugement; puisque ces derniers seront pris sur toute l'étendue d'un Département, & nommés par le Procureur-Syndic de cette Administration supérieure, au lieu que la liste des Jurés d'accusation sera composée des habitans d'un District, & qu'elle sera formée par le Procureur - Syndic de cette Administration subalterne.

Je sais qu'on peut répondre à tout, en disant que les hommes ayant été déclarés égaux par la Constitution, les motifs de distinction n'existent plus ; mais on ne fait pas les hommes égaux, en les déclarant tels; & la hiérarchie indestructible des variétés d'éducation, fera toujours résistance à ces axiomes législatifs.

Je suis amené, par cette réflexion, à une dernière remarque, relative à l'Ordre Judiciaire. La Chambre des Pairs, en Angleterre, est Juge de ses Membres, dans les matières criminelles,

criminelles, & je ne fais comment je pourrois juftifier cette prérogative auprès de nos
niveleurs à outrance, auprès de nos parvenus en philofophie, qui, dans l'enthoufiafme
de leur nouveau grade, & des hauteurs de
leur pédanterie, ne veulent, au fein d'une
Monarchie, admettre aucune exception.

Je m'adreffe donc aux hommes fages, &
je demande, fi ce n'eft pas abufer inhumai-
nement de la métaphyfique de l'égalité, que
d'appliquer fes abftractions à une circonftance
auffi férieufe qu'un procès criminel, & d'en-
joindre, par exemple, à un Prince du Sang
Royal, de fe croire jugé par fes Pairs, lorfqu'il le fera par des hommes à une diftance
immenfe de fa pofition.

On ne peut s'empêcher de remarquer à
quel point, les maximes générales peuvent
égarer en politique. *Les hommes naiffent,
& demeurent libres & égaux en droits.* Cet
axiome, devenu fi familier, fembleroit, au
premier coup-d'œil, garantir aux accufés
que tous, indiftinctement, feront jugés par

leurs Pairs. Point du tout : on tire du même axiome une feconde induction, c'eft que tous les hommes font Pairs, & malgré la contradiction de fait, on les tient pour tels, on leur ordonne de fe juger mutuellement, & l'on altère ainfi, dans l'un des points les plus effentiels, l'efprit de l'inftitution des Jurés.

L'Affemblée Nationale, qui a conftamment placé l'autorité politique entre les mains de plufieurs, auroit bien dû appliquer à fes fpéculations philofophiques le même efprit républicain, & ne pas foumettre tant de chofes à l'empire abfolu d'une feule maxime.

C'eft fur-tout à l'afpect des difpofitions légiflatives, contraires aux règles de la juftice univerfelle, que cet empire abfolu d'un principe offenfe davantage. Le mot de *Pairs*, fous le rapport des jugemens criminels, annonce vifiblement une forte de concordance entre les citoyens qui fe jugent les uns les autres, & cette concordance n'exifte

pas uniquement dans leur defcendance commune du premier homme, ou dans la reffemblance de leur ftructure ; elle dépend
encore effentiellement des idées & des habitudes introduites par l'éducation, & par les
divers claffemens d'état & de fortune, l'effet
inévitable du mouvement focial. C'eft d'un
tel rapport que nait la confiance des accufés, lorfqu'ils font jugés par leurs Pairs, &
cette confiance eft le bien qu'on a voulu leur
procurer, en introduifant dans le Royaume
l'inftitution des Jurés ; c'eft donc les tra-
hir, que de les affujettir à un mode, dont
on a retiré l'efprit originel, au point de
donner pour Juges, à un Prince du fang
Royal, des hommes qui ne font fes Pairs
d'aucune manière ; qui ne le font ni dans
la réalité, ni dans l'opinion, ni dans leur
propre penfée. C'eft pourtant ce que nous
avons fait en France ; car, aux termes de
nos loix nouvelles, non-feulement un Prince
du Sang Royal, mais un frère du Roi, mais
la Reine même & le Prince héréditaire,

s'ils étoient prévenus d'un délit, auroient pour Jurés d'accufation huit perfonnes tirées au fort fur une lifte de trente, compofée, au commencement de l'année, par un Procureur-Syndic de Diftrict. Tout cela paroît bien beau, bien héroïque, & tout cela n'eft que folâtre, quand on l'examine de fang froid; c'eft vouloir fe placer en dehors des idées fociales, quand on eft en dedans; c'eft vouloir former l'opinion à revers des chofes réelles; c'eft vouloir, de la région des nuages, eſſayer fur un monde en activité, des loix faites pour un monde idéal, ou pour un monde encore en théorie.

CHAPITRE IX.

Haute Cour Nationale.

Le Parlement d'Angleterre reçoit un grand relief, & par conséquent un degré d'autorité de plus, dans l'opinion, d'une attribution particulière à la Chambre des Pairs ; c'est le droit de juger tous les crimes d'Etat, tous les délits, dont l'accusation est intentée par la Chambre des Communes.

Cette institution, qui donne un nouvel éclat au Corps Législatif ; cette institution, qui tranquillise une Nation généreuse, en confiant à des hommes indépendans l'examen des actions dont elle poursuit la vengeance ; cette institution, si belle dans tous ses rapports, a été remplacée en France par l'établissement de la Haute Cour Nationale, idée bisarre, compliquée, & dont je vais indiquer les principaux vices.

L iij

Les Electeurs, au choix du Peuple, doivent, dans chaque Département, nommer deux Jurés, destinés à examiner la réalité des crimes, dénoncés par l'Assemblée Nationale, comme des délits envers l'Etat.

Ces deux Jurés, par Département, seront en tout, pour le Royaume, cent soixante-six Jurés.

De ce nombre & au moment de la formation de la Haute Cour, on en tirera vingt-quatre par le fort, lesquels deviendront les Jurés du jugement, si l'accusé ne les récuse pas.

Le droit de récusation pourra s'étendre jusques à quarante Jurés, sortis successivement par le fort; mais si l'accusé vouloit en écarter un plus grand nombre, il seroit alors obligé de soumettre ses motifs à l'examen & à la décision des grands Juges du Tribunal de la Haute Cour.

Ces grands Juges sont au nombre de quatre, tirés au fort parmi les Magistrats qui composent le Tribunal de Cassation.

L'Affemblée Nationale nomme deux de fes Membres, qui, fous le titre de grands Procurateurs de la Nation, pourfuivent l'acufation.

Reprenons maintenant ces diverfes circonftances.

Que voyons-nous d'abord à la place dé ce Tribunal majeftueux & fédentaire, qui juge en Angleterre les crimes d'Etat, qui ombrage de fa réputation les foibles & les puiffans, & garantit à la Nation une juftice impartiale ? Nous voyons des Juges inconnus par-tout ailleurs que dans leur Diftrict, & qui, à la moindre accufation intentée par une Légiflature, doivent fe mettre en mouvement d'un bout du Royaume à l'autre, & defcendre, deux à deux, des montagnes d'Auvergne, ou des chaînes des Alpes & des Pyrénées, pour venir, devancés par la terreur, rendre des fentences à Orléans, & s'en retourner chez eux, après avoir vû verfer, peut-être, le fang de la victime. Toute organifation qui doit exciter une agitatis

L

continuelle ne vaudroit rien, quand elle
réuniroit d'ailleurs toutes les autres perfections ; mais celle-ci eſt encore entachée
d'un grand principe d'injuſtice, puiſqu'elle
ſoumet la plus grande des déciſions, celle
de la vie ou de la mort d'un homme, à
des Jurés arrivant de toutes les parties d'un
Royaume de vingt-cinq mille lieues carrées,
& qui feront peut-être tous inconnus, de
nom & de réputation, au malheureux dont
ils doivent être les Juges ; à des Jurés encore,
qui, tranſportés tout-à-coup, loin de leur
domicile habituel, pour décider du ſort d'un
homme, détenu priſonnier dans une Ville
où il n'a lui-même jamais habité, n'auront aucun moyen facile pour obtenir des
informations certaines, & ſur ſes mœurs,
& ſur ſon caractère, & ſur l'habitude de ſa
vie. Cependant, ces conditions ſont tellement eſſentielles, ſont tellement dans l'eſprit
de l'inſtitution des Jurés, qu'en Angleterre
on a preſcrit aux Officiers publics de choiſir,
autant qu'il eſt poſſible, des Jurés domici-

fiés à peu de diftance du lieu du délit ; &
par une fuite du même principe , lorfqu'un
étranger eft traduit en jugement , on a le foin
généreux de joindre des hommes de fa
Nation à la lifte ordinaire des Jurés. On va
plus loin encore dans ce pays moral , où la
plus indulgente compaffion n'eft pas en
paroles , mais en action. On a penfé que le
droit de récufation , accordé à l'accufé , devoit être éclairé de toutes les manières ; &
comme la nature empreint quelquefois fur
la phyfionomie des hommes , la légèreté ou
la dureté de leur caractère , on fait paroître
les Jurés en perfonne devant l'accufé ; &
après les avoir regardés , il eft encore à tems
d'ufer de fon droit de récufation dans les
limites fixées par la loi. Nous , au contraire ,
nous préfentons à l'homme , pourfuivi pour
crime capital , une lifte froide & inanimée
de Jurés , une lifte compofée d'hommes difperfés dans tout le Royaume , & dont ni
lui , ni fes amis , ni fon confeil , ne peuvent
connoître la réputation que par hafard , ou

à l'aide d'une correspondance dans toutes les parties de la France. Ainsi le droit de récusation, dans un pareil ordre de choses, est à-peu-près imaginaire. Cependant, si ce droit a toujours été regardé comme une condition essentielle, & inhérente, en quelque manière, à la procédure par Jurés, quelle force de plus n'acquiert pas ce principe, dans un tems où les divisions politiques excitent toutes sortes de défiances & produisent tous les genres de préventions!

Je vais plus loin, & je cherche à connoître pourquoi les Anglois, si fortement attachés aux jugemens par Jurés, ne les ont point admis dans les crimes d'Etat, & je me plais à rapporter cette détermination à un grand & beau sentiment. Je crois que, pénétrés d'une juste émotion à la pensée d'une accusation faite contre un seul homme, par une Nation entière, & généreusement inquiets de ce premier choc de la plus grande force contre la plus grande foiblesse, ils ont voulu s'assurer d'être acquittés, dans leur

honneur & dans leur confcience, par un
jugement de la plus grande folemnité; &
dans cet efprit, ils n'ont pas voulu qu'une
femblable autorité fût remife à des hommes
de paffage tels que des Jurés, à des hom—
mes fortis un moment de l'obfcurité pour
y rentrer enfuite, à des hommes réunis pendant un court efpace de tems, & difperfés
bientôt après dans le Royaume, mais à un
Corps permanent, à un Corps en poffeffion
d'une vieille renommée, & qui préfenteroit
à tous les regards une refponfabilité durable. Je ne fais fi je me trompe; mais fi
les Anglois n'avoient pas été guidés par
ces motifs, d'une manière explicite, c'eft
à un fentiment fecret, égal & fouvent
fupérieur au raifonnement, qu'ils auroient
cédé; car il eft un inftinct des grandes
chofes & des grandes penfées, qui agit
toujours fur les hommes en maffe, quand
ils ne font pas encore égarés par l'efprit de
fingularité, ou par les vagues excurfions de
la métaphyfique.

Les quatre grands Juges qui doivent diriger l'inftruction & appliquer à la décifion des Jurés la punition prononcée par la loi, feront choifis, au hafard, parmi les Magiftrats, dont le Tribunal de Caffation eft compofé. Ce feront encore des hommes fort peu connus, puifque les membres de ce Tribunal font élus par les divers Départemens du Royaume, puifqu'ils feront renouvellés tous les quatre ans, & que le fort peut tomber fur les plus ignorés. Cependant, il ne fuffit pas de la réputation privée d'un Juge; il faut qu'elle foit publique, il faut qu'elle foit, pour ainfi dire, univerfelle, pour tranquillifer une Nation, lorfqu'on l'a rendue accufatrice d'un fimple citoyen.

· J'arrête enfuite & plus particuliérement mon attention fur ces deux Députés du Corps Légiflatif, qui, fous le titre de grands Procurateurs de la Nation, doivent pourfuivre l'accufation; ils affifteront en conféquence à toute l'inftruction; ils y repréfenteront, devant vingt-quatre Jurés & quatre Juges, le plus puiſſant Corps de l'Etat, & tout au moins ils rappeleront, par leur préſence habituelle, que les ſept cents quarante-cinq Députés de la Nation, dont ils ſont les mandataires, ont un intérêt de réputation à n'avoir pas intenté légèrement un procès capital. Quel défaut d'équilibre, quelle effrayante diſproportion ne préſente pas une organiſation pareille ! Et cependant, c'eſt de la vie d'un homme, c'eſt de l'exiſtence de pluſieurs dont il s'agit.

La Chambre des Communes d'Angleterre donne auſſi, à quelques-uns de ſes membres, le droit de pourſuivre en ſon nom les accuſations qui ſont portées par elle à la Chambre des Pairs, & nos grands Procurateurs ſont une imitation de cet uſage ; nous avons ſeulement changé le titre, comme nous n'y avons jamais manqué dans toutes nos copies. Mais comment n'a-t-on pas été frappé de la différence des circonſtances, différence qui ſuffit pour changer une diſpoſition ſage en une ſorte d'oppreſſion ? On ne trouve rien de rigoureux ni de févère dans la miſſion donnée aux Députés de la Chambre des Communes, parce que l'accuſation eſt portée à la Cour des Pairs, devant un Tribunal compoſé de deux cents cinquante membres, ou à-peu-près, devant un Tribunal, qui, on le ſait, ne ſera point impoſé par une accuſation ſuivie au nom de la Chambre des Communes, & conſervera, ſans aucune foibleſſe, la liberté de ſes opinions. Mais la Chambre des Communes d'Angleterre auroit eu honte à jamais d'avoir des folliciteurs en fonction auprès de vingt-quatre Jurés, dont la réputation eſt à naître, dont le caractère eſt inconnu, & qui, ſous le rapport ſeul de la différence du nombre, & à part toute différence de conſidération, ſeroient viſiblement dans un état d'infériorité, devant la principale ſection du Corps Légiſlatif. Que diroit-on en Angleterre, ſi l'on y faiſoit ſeulement la propoſition d'autoriſer les Jurés d'accuſation, inſtitués pour les affaires criminelles ordinaires, à nommer des Dépu-

tés, féants de leur part auprès des petits
Jurés ? Un cri général repousseroit une
pareille idée, & cependant il n'y a de différence entre ces deux fortes de Citoyens,
qu'une légère fupériorité d'état de la part
des Jurés d'accufation. Or, nous, c'eft au
Corps Légiflatif, au Corps Légiflatif réuni
en entier dans une Affemblée unique, que
nous donnons le droit d'avoir des Procurateurs auprès de vingt-quatre perfonnes,
appelées par le fort à remplir les fonctions
de petits Jurés. Voilà pourtant ce que nous
avons fait, voilà ce que nous avons arrangé
dans notre haute fcience ; nous n'avons pris
de nos voifins qu'une forme, & nous avons
laiffé là l'efprit moral, cet efprit que nous
avons conftamment négligé, parce qu'il
n'avoit point de nom diftinct dans fes
diverfes applications, parce qu'il n'avoit
point de figure pofitive, & qu'armés uniquement d'inftrumens de géométrie, nous
n'avons pu le faifir. Nous avons réprimé,
nous avons retenu méthodiquement ces

mouvemens de l'ame, qui atteignent à toutes les idées, & nous n'avons jamais voulu nous abandonner à cette fenfibilité, qui modifie les raifonnemens de l'efprit, qui les applique à notre nature, qui nous rend bons, doux & généreux, & qui bien mieux que la fpéculation, enfeigne le fecret de notre union fociale.

Ah ! vous, qui lirez, peut-être, les réflexions préfentées dans ce Chapitre ; vous que je ne connois point, & qui de toutes les parties du Royaume allez être appelés à la Haute-Cour Nationale ; vous qui déciderez de la deftinée des malheureux renfermés dans les prifons d'Orléans, penfez que vous allez être juges de vos concitoyens, fans leur confentement, puifqu'ils n'auront pu connoître s'ils devoient ou non vous récufer ; penfez encore que vous aurez devant vos yeux les Procurateurs du Corps Légiflatif, de ce Corps, la feule puiffance aujourd'hui dans l'Etat, & qui fe trouve liée par fa réputation à la févérité de vos décifions.

Que

Que le fentiment de vos devoirs fuffife & ré-
ponde à tout , & foyez à vous feuls la
force & l'appui du malheur ou de l'impru-
dence. Que votre ame s'élève à la hauteur
des circonftances où vous ferez placés, &
que votre fageffe en parcoure les difficultés.
Que vos regards fe multiplient pour trouver
l'innocence , & qu'une inépuifable bonté
vous aide à les diriger. Gardez - vous , fur-
tout, de prêter l'oreille à l'efprit de parti,
& de fléchir devant les aveugles paffions ;
elles pafferont , fuivies de tous les preftiges
qui les accompagnent , & vous laifferont
feuls avec votre confcience. Prévoyez ce
moment, & ne regardez comme durables ,
que les opinions , dictées par une raifon
douce & tempérée , que les opinions , conformes à cette inorale univerfelle , dont les
hommes du temps préfent , malgré tous
leurs efforts , ne détruiront jamais les racines
profondes.

Ce n'eft pas feulement vers ces principes
généraux , que je voudrois diriger l'atten-

tion des Juges & des Jurés d'Orléans, j'ofe
eucore les inviter à réfléchir , que la févérité, dans les premiers temps d'une révolution, devient une dureté attenante à l'in-
juftice. Il faut laiffer le temps aux efprits de
reconnoître la nouvelle puiffance ; il faut
leur laiffer le temps d'éclairer leur confcience, & de fe détacher de leurs vieux fentimens ; & quand la révolution a opprimé,
de toutes les manières, une claffe de citoyens,
quand elle les a dépouillés de leurs noms,
de leur rang & de leur fortune , quand elle
les a mis enfuite à la difcrétion d'une multitude défordonnée, & que les lois n'ont pu
réprimer, d'une multitude , qui leur refufe
impunément le paiement des reftes de leurs
anciens droits, qui brûle leurs habitations,
qui dévafte leurs champs , & qui exerce,
fans danger, les plus horribles violences envers leurs perfonnes & envers leur famille,
vouloir appefantir le joug de la loi fur eux
feuls, vouloir enfin qu'ils foient victimes à
la fois , & des oppreffions qui les ont mis

au désespoir , & des effets d'un sentiment
qu'on a rendu naturel , c'est la perfection
de la tyrannie. Enfin , & une telle conduite
ne peut s'expliquer, on a laissé dans l'obscurité la définition du crime , dont on poursuit la vengeance à Orléans. On avoit copié
les Américains en tant de choses , il falloit
les imiter dans le soin généreux qu'ils ont
pris de déterminer , avec précision, le sens
des crimes de trahison ; & ils l'ont fait de la
manière suivante dans leurs articles Constitutionnels.

« La trahison envers les Etats-Unis ne con-
» sistera qu'à leur faire la guerre , ou à s'as-
» socier à leurs ennemis , en leur donnant du
» secours ».

Voilà comment un peuple doux & moral, & qui sortoit cependant des horreurs
de la guerre civile, a voulu circonscrire l'accusation la plus terrible , & la plus susceptible d'interprétations vagues. Ah ! sans doute,
les Américains , cette Nation encore sous
l'autorité des premiers principes de morale,

considèrent l'effusion du sang d'un citoyen comme une calamité publique ; sans doute ils n'ont pas encore le sentiment qui dispose à chercher & à trouver des crimes. Ils n'ont pas eu, sur-tout, la pensée féroce de soutenir un Gouvernement , par la verge ou le fer des bourreaux ; ils comptent sur les liens du bonheur , & peut-être qu'après avoir fait de leur patrie l'asyle de la paix & des vertus les plus chères aux hommes , ils ont plus de pitié que de haine, pour ceux qui restent encore ses ennemis. Qu'on rapproche ces principes & ces sentimens de la conduite & des discours de plusieurs de nos Législateurs, & l'on ne pourra se défendre d'une sorte de frémissement. C'est dans les sévérités, dans les punitions & dans les vengeances, qu'ils mettent leur confiance. On a fait sortir de la Constitution même , l'esprit de parti, & l'on en poursuit les effets avec une insatiable rigueur. Ah ! si au milieu de l'incomparable harmonie de l'Univers, si au milieu de cette instruction solemnelle , nous

avons encore placé la bonté , pour fervir de
réfuge aux foibleffes des hommes, quels principes d'indulgence ne devroient pas être
admis au milieu d'une fociété politique, où
tout eft en tumulte , où les élémens fe combattent & paroiffent encore fous les lois du
cahos ! Je ne fais véritablement fi, dans un
pareil défordre , les crimes d'état appartiennent uniquement à ceux qui les commettent,
& fi le fang des victimes, abattues fous le
fer de la loi, ne feroit pas un facrifice qui
ferviroit de reproche éternel à un fyftême de
Gouvernement, le principe de tant de fautes,
l'origine de tant de malheurs.

CHAPITRE X.

Droit de Grace.

L'Esprit Philofophique, cet efprit qui a
fait tant de bruit parmi nous, en rappellant
les droits de l'humanité, eft tellement défi-
guré par fes ufurpateurs, qu'ils ont cru pouvoir nous préfenter l'abolition du droit de
grace, comme un acte de raifon & de fageffe.
Cette abolition n'a pas été prononcée formellement ; on s'eft contenté d'une fufpenfion, en ajournant indéfiniment le fond de
la queftion ; expédient inventé pour éteindre,
par l'oubli, les idées qu'une forte de pudeur
empêche de rejetter ouvertement. En attendant, & depuis le règne de l'Affemblée
Nationale, le Monarque fe trouve déchu de
la plus augufte de fes prérogatives. Toutes
les condamnations plus ou moins févères,

toutes les fentences capitales ont été fuivies de leur exécution, & le mot de clémence a été rayé de la langue françoife. Il falloit, fans doute, y faire place à tous ces mots barbares, introduits par nos nouvelles mœurs. Noble échange, & bien propre à honorer cette époque de notre hiftoire ! Il nous donnera certainement le mérite de l'originalité ; car il n'exifte aucun peuple fur la terre, où le droit de grace ne foit établi.

On a dit que la juftice criminelle devant inceffamment être rendue par des Jurés, cette forme mettroit à l'abri de toutes les erreurs, de toutes les partialités, & qu'il n'y auroit plus alors de motif pour defirer qu'aucune autorité dans l'État fut inveftie du pouvoir de modifier envers perfonne la rigueur d'un jugement.

Les Jurés ne font point encore établis à l'heure où j'écris ces réflexions ; ainfi je fuis étonné d'abord, que, pendant l'exiftence d'une jurifprudence, imparfaite au jugement de l'Affemblée Nationale, le droit de grace

M iv

n'ait pas moins été fuſpendu. Sommes-nous
ſûrs que, durant cet intervalle, il n'eût pas
trouvé ſa juſte application ? & la morale
chrétienne ne noûs a-t-elle pas averti que,
dans les calculs de la miſéricorde, un homme, un ſeul homme eſt un nombre inappréciable ?

J'examine enſuite ſi l'établiſſement des
Jurés eſt un motif pour abolir le droit de
recours à toute eſpèce de grace. Les Anglois & les Américains ne l'ont pas cru,
puiſque ce droit exiſte chez eux dans ſa
plénitude, & cependant, ils ont adopté
bien avant nous l'inſtitution des Jurés. Mais,
je ſais bien-que les exemples, voire les
meilleurs de tous, ſont d'un petit uſage
contre les hommes qui ont pris poſte au
centre de la théorie; ainſi, je n'approcherai
d'eux qu'avec les armes du raiſonnement;
& j'oſerai dire que, ſous divers rapports,
le droit de grace eſt ſur-tout néeeſſaire, dans
les pays où la juriſprudence des Jurés eſt
introduite.

Uue pareille forme de procédure ne fe
prête à aucune modification ; car d'un côté
font des Jurés , à qui l'on demande fimplement d'examiner & de prononcer , fi tel
délit a été commis volontairement, par tel
homme ; & de l'autre font des Juges, qui
ouvrent le livre de la loi , & qui annoncent la peine dûe à tel crime. Il n'y a nulle
place entre ces deux actes judiciaires pour
appliquer l'efprit de modération, auquel ont
fouvent été conduits les Tribunaux, qui font
juges à la fois du fait & de la mefure du
châtiment.

Ajoutons encore que, par l'efpèce de partage établi entre les Jurés & les Juges, ils
éprouvent avec moins de force cette répu-
gnance naturelle aux hommes pour tous les
actes de rigueur ; les Jurés, fimplement juges
d'un fait, n'ont pas devant les yeux la peine
dûe aux crimes ; & les Magiftrats qui s'ex-
pliquent après eux , fe confidèrent comme
de fimples organes des commandemens de
la loi.

Quel eſt donc le pays où l'abolition du droit de grace devroit exciter le moins de regrets ? ce ſeroit une République où régneroit une ſorte d'eſprit de famille & un ſentiment de moralité, deux circonſtances qui répandent une première teinte de douceur & de bonté ſur tous les actes d'autorité ; ce ſeroit une République où les Tribunaux, juges à la fois & du fait & de la peine, auroient le pouvoir de combiner enſemble, & la nature du délit & les degrés d'incertitude qui reſtent, ſi ſouvent, au milieu des plus grandes vraiſemblances, & les circonſtances qui atténuent une faute, & les égards même dont on ne peut ni ne doit ſe défendre, pour la conduite antérieure du coupable, pour les ſervices éclatans de ſa famille, & quelquefois pour les ſiens propres. Il réſulte alors de ces diverſes conſidérations, une opinion ou un ſentiment qui détermine les Juges à uſer de leur autorité, pour mêler aux principes de ſévérité un eſprit d'indulgence, & pour adoucir la justice écrite par l'équité naturelle.

Cependant les Républiques, où, comme je viens de l'indiquer, un Gouvernement de confiance est établi, & il en existe plusieurs, ces Républiques ont toutes pensé que les exceptions à la loi seroient mieux entre les mains d'un Corps supérieur aux Tribunaux Judiciaires, & elles lui ont confié l'exercice du droit de grace. C'est donc en France, & en France uniquement, que ce droit ne subsisteroit plus ; & combien de circonstances, dont je n'ai rien dit encore, l'y rendroient cependant plus nécessaire qu'en aucun autre lieu du monde ! C'est au milieu d'un Peuple menaçant, au milieu d'un Peuple averti de sa force, au milieu d'un Peuple agité par de violentes passions, & livré à toutes sortes de guides ; enfin, c'est au milieu d'un Peuple qui s'est montré si souvent ou cruel, ou terrible, que les Jurés & les Juges exerceront leur ministère & prononceront leurs arrêts. C'est encore au milieu d'un Peuple rendu dispensateur de toutes les faveurs

dont les Jurés comme les Juges feront également épris, qu'ils auront à fe maintenir
indépendans ; & c'eft au hafard de toutes les
foibleffes, inféparables d'une pareille pofition, que les fentences criminelles feront
immédiatement fuivies de leur exécution. Une
telle idée fait peur.

Qu'on fe rappelle encore ici tout ce que
j'ai dit, en parlant de l'Ordre judiciaire &
de la Haute-Cour Nationale. Les premières
perfonnes du Sang Royal pourront être
mifes en état d'accufation & détenues pri-
fonnières, fur le délibéré de huit Jurés,
déclarés leurs Pairs par une fiction de la
loi, & tirés au fort fur une lifte de trente,
compofée par un Procureur-Syndic de
Diftrict. Et au Tribunal de la Haute-Cour
Nationale, tous les citoyens, dénoncés comme
prévenus d'un crime d'Etat, feront jugés
par des perfonnes qu'ils ne connoîtront
point, dont ils ne feront point connus, &
qui auront devant eux ces grands Procurateurs chargés de fuivre l'accufation, &

nom du plus puiffant Corps de l'Etat. Enfin
c'eft dans un temps où tout eft efprit de
parti ; c'eft dans un temps où l'on a fixé
l'attention de la multitude fur une feule
idée, & où, par une illufion qu'on a pra-
tiquée, qu'on a favorifée de toutes les
manières, on eft parvenu à réunir, fous un
même figne, tous les genres de reproches,
toutes les efpèces de prévention ; c'eft dans
un temps, où d'un mot on peut mettre les
efprits en effervefcence, que l'on ofe attendre une juftice affez fûre, affez impartiale,
affez courageufe pour abroger le droit de
grace. Je ne fais, mais au milieu des circonftances où nous nous trouvons, l'idée
d'un jugement abfolu, d'une condamnation
fans aucun recours, fans aucune efpérance,
fe préfente à moi fous les couleurs les plus
effrayantes.

Je vais plus loin, & je mets en queftion, fi l'on peut délicatement être Juge
ou Juré dans un pays où le droit de grace
eft aboli. Déclarerai-je que tel homme doit

fubir un jugement criminel, que tel homme eft coupable d'un crime capital , fi ma voix lui donne la mort, lors même , qu'au fond de mon cœur , un fentiment de commifé- ration , un fentiment d'équité , me feroient défirer fon pardon? Pourquoi confentirois-je à être l'inftrument d'une loi fans pitié ? Pourquoi m'abaifferois-je à cette miférable condition ? Les Jurés & les Juges de France doivent demander hautement le rétabliffe- ment du droit de grace ; la morale leur en fait un devoir & l'honneur les y convie ; ils fe croyent plus élevés , lorfque leurs jugemens ne peuvent être changés , & ils fe trompent ; c'eft une volonté exécutée fans contradiction , qui femble douce à fa vanité ; mais les Jurés ni les Juges n'ont point de volonté, puifqu'ils parlent, les uns au nom de la vérité , les autres au nom de la loi ; & comme ces deux fonctions, ainfi divifées , n'ont aucun caractère de fuprématie , il importe peut-être à la confi- dération des Jurés & des Juges , que le droit de grace établiſſe une diſtance , entre les condamnations & l'exécution des ſentences.

`\`Le Roi d'Angleterre jouit non-ſeulement du droit de grace dans toute ſon étendue , mais ſa ſignature encore eſt néceſſaire à l'exécution des ſentences criminelles. Remarquons cependant , pour tenir la balance à la main , que les Juges d'Angleterre revenant à Londres , après avoir tenu les aſſiſes dans les Provinces , ſont à portée d'éclairer le Monarque ſur les circonſtances de chaque délit. La Conſtitution Françoiſe ayant établi un Ordre judiciaire abſolument différent , & des Tribunaux ſédentaires ayant été établis dans toutes les parties du Royaume, le Gouvernement ne pourroit recevoir que des lumières très-incertaines & très-imparfaites ſur la juſte application de la clémence royale. Une telle circonſtance , réunie à la grande étendue de la France , eut donc permis de ſoumettre l'exercice du droit de grace à de certaines modifications ; & cet acte de ſageſſe n'eut rien fait perdre au

Monarque, puifque fa prérogative étoit anciennement limitée, non par la loi , mais par l'ordre des chofes. Toutes les Cours faifoient exécuter leurs fentences fans aucun délai ; ainfi, c'étoit uniquement dans le reffort du Parlement de Paris , reffort à la vérité très-étendu , que l'on pouvoit requérir à temps la grace du Roi ; Sa Majefté avoit eu le deffein de mettre obftacle, d'une manière générale , à la célérité des exécutions , & de fe ménager ainfi le temps d'en connoître toujours les motifs ; & fes intentions à cet égard avoient été folemnellement maniftées. Mais enfin , qu'il y a loin de différentes idées mitigées, & raifonnablement admiffibles, à la réfolution inconfidérée d'abolir en entier le droit de grace , ou d'exclure abfolument le Roi du précieux exercice de la plus augufte des prérogatives, le patrimoine facré de fes ancétres ! ah ! je le penfe , on n'a pas encore acquis le droit d'ôter à tous les François le recours à la grace du Monarque , & la fûreté générale,

en

en matière criminelle , fût-elle mieux établie, on ne l'auroit pas encore ; il faut, dans
les grands dangers , une espérance , une protection vague , au-delà des garanties connues ; tel est l'esprit de l'homme , & notre
nature éternelle n'est pas du nombre des
habitudes , dont il soit permis au Législateur
de commander le sacrifice. Voilà cependant
l'ouvrage , voilà le chef-d'œuvre de cèt esprit froid & raisonneur , qui a écarté du milieu
de nous l'autorité du sentiment, & de toutes
les idées grandes & simples qui lui servent
de cortége. Nous avons ainsi rompu le lien
de vertu , qui nous unissoit à l'Etre suprême,
nous avons effacé, d'un trait, le plus précieux
de nos rapports avec ses perfections. Jamais
nous n'eûmes autant besoin de le croire bon
& miséricordieux , & c'est le moment où
nous nevoulons plus l'être. Guides sans com-
passion , conducteurs sans pitié , où nous
menerez-vous ? Vous nous ferez voir çà
& là, les vestiges effrayans de nos férocités ,
vous nous montrerez ces restes teints de

fang, dont notre terre infortunée commence à fe couvrir ; & après avoir accablé nos ames par cet affreux fpectacle , vous nous direz qu'il n'exifte nulle part une puiffance protectrice, qu'il n'y a plus de recours, qu'il n'y a plus d'attente , ni dans le ciel, ni fur la terre ; vous nous confierez que tout eft l'ouvrage du hafard , & que dans cette aveugle loterie, votre cœur defféché, votre efprit impaffible, eft une des meilleures chances, & qu'ainfi nous ferons bien de fuivre vos avis, & d'être infenfibles comme vous. Ah ! laiffez-moi ; je vous crains plus que tous les tigres de la terre ; mon ame veut fe nourrir d'autres penfées ; elle veut chercher, fans vous, une autre perfpective; & la plus légère efpérance , la plus légère incertitude , celles qui naiffent au moins de notre foibleffe & des limites de notre vue, lui donneront plus de courage que toutes vos orgueilleufes maximes. Je ne veux pas vous quitter, ames douces & craintives, je ne veux pas vous quitter au milieu de ces triftes réflexions, & je vais vous ramener à des idées plus confolantes , en fixant votre attention fur l'un des plus anciens ufages de cette Nation morale & fenfée, que je fuis fi fouvent obligé de préfenter en exemple. Je me rappelle une circonftance qui s'eft gravée dans mon fouvenir , & qui me frappe, en ce moment, d'une manière entore plus fenfible. Le premier avertiffement que reçoit le Roi d'Angleterre, à fon avènement au Trône, & les premiers engagemens qu'il contraûe., lui retracent les droits de miféricorde & de clémence , dont il eft l'augufte dépofitaire. Voici l'une des interpellations que lui adreffe l'Archevêque Primat du Royaume , & à la fuite de chacune , le Roi répond : *Je le promets.*

« Promettez-vous d'employer le Pouvoir » dont vous êtes revêtu, à rendre vos juge-» mens conformes aux lois & à la juftice, » & à les faire exécuter *avec merci* (1).

_____

(1) Will you to your power caufe law and juftice, in mercy , to be executed in all your judgments.

Ah ! qnelle eſt belle , quelle eſt touchante cette interpellation ! Ainſi , après avoir demandé au Monarque , s'il promet de faire rendre la juſtice ſelon les lois , on ajoute ces mots , ces beaux mots , *& avec merci*. Il eſt des paroles où l'eſprit d'une Nation ſe peint comme en entier ; oui , il faut le mettre quelque part en dépot , ce droit de pardon ou de pitié ; il le faut pour l'honneur de notre Légiſlation, il le faut pour la réputation de nos mœurs, car la clémence eſt une dette envers la nature humaine , comme la juſtice en eſt une envers les ſociétés politiques.

CHAPITRE XI.

Constitution du Ministère.

De toutes les parties du parallèle que j'ai entrepris, la Constitution du Ministère, dans les deux Royaumes, paroît une des plus essentielles, & en elle-même, & sous le rapport du Pouvoir Exécutif.

Les Ministres, en Angleterre, sont presque toujours Membres du Parlement. Les uns ont séance à la Chambre Haute par leur droit de naissance, les autres à la Chambre Basse à titre d'élection & en vertu des suffrages du Peuple. L'assistance de plusieurs d'entr'eux aux délibérations du Conseil National, est regardée comme tellement nécessaire, que si le Ministre des Finances, par exemple, n'étoit pas élu Membre des Communes, le Roi seroit dans la nécessité de faire un autre choix. On ne concevroit pas

N iij

en Angleterre, comment les réfolutions du Corps Légiflatif pourroient être fuffifamment éclairées, comment elles pourroient être adaptées, d'une manière sûre, à la fituation des affaires, fans l'intervention habituelle des Chefs du Gouvernement. Auffi, la Chambre des Communes laiffe-t-elle le plus fouvent l'initiative au Chef des Finances, non pas en fa qualité de Miniftre du Roi, mais comme l'homme du Parlement le plus en état, par fes fonctions, de connoître ce qu'exigent les circonftances & l'intérêt du Royaume.

La féparation, qui doit être maintenue entre le Pouvoir Légiflatif & le Pouvoir Exécutif, n'eft point affoiblie par l'affiftance d'un ou de plufieurs Miniftres à la Chambre des Communes, puifque la qualité feule de Repréfentans du Peuple leur en donne le droit ; & c'eft un Statut Conftitutionnel en Angleterre, de ne jamais prononcer le nom du Roi, au milieu des difcuffions du Corps Légiflatif,

Il réfulte, cependant, de la féance des Miniftres au Parlement, & de la réunion, dans
leur perfonne, des deux titres refpectables
de Chef de l'Adminiftration & de Membre
du Corps Légiflatif, que leur confidération
fe maintient au niveau de leurs importantes
fonctions ; & comme ils ne pourroient fervir
la chofe publique, comme ils ne pourroient
même conferver leur place , s'ils ne dé-
ployoient pas des talens, des vertus & des
connoiffances, le Monarque fe trouve dans
la néceffité de les choifir parmi les hommes
les plus diftingués de la Nation.

Ici j'entends demander, fi toutes ces circonftances réunies ne doivent pas leur donner un trop grand crédit, & fi ce crédit,
entre les mains des premiers agens de l'autorité Royale, ne peut pas mettre la Conftitution en péril. Il faut bien qu'un tel rifque
foit imaginaire , puifque cette penfée n'in-
quiète point une Nation, attachée de paffion
à fon Gouvernement ; il faut bien qu'un tel
rifque n'ait aucune réalité, puifque, depuis

un fiècle, tous les principes de la liberté civile & politique fe font religieufement confervés. Ce n'eſt pas fous une feule protection que ces principes ont été mis, & leur gardien le plus fidèle, c'eſt le bonheur général. Les défiances politiques font inépuifables, lorfque l'efprit en fait la recherche ; mais quand on veut les employer toutes, & les foigner une à une, on eſt femblable à ces maris jaloux, qui, dans leurs précautions multipliées, oublient la plus effentielle, celle de fe faire aimer.

Que fi l'on faifoit une autre objection, & fi l'on difoit, d'une manière générale, que la préfence des Miniſtres au Parlement, ménage à leurs opinions un grand avantage, je ne conteſterois point cette vérité, mais je ferois obferver que, dans toutes les affaires d'adminiſtration, l'afcendant des principaux Chefs du Gouvernement eſt néceffaire au bien de l'Etat ; il fert à balancer l'efprit de parti & ce defir fi commun, chez les hommes, de fe faire un nom à tel prix que se soit. Ceux qui courent, sans cesse, après ce genre d'éclat, ont peut-être une passion plus dangereuse en affaires publiques, que les hommes avides d'argent ; car le moindre applaudissement peut les corrompre, les plus légères espérances offertes à leur vanité, peuvent les engager au sacrifice de leurs opinions, & les rendre coupables de forfaiture envers leur propre sentiment.

Il est enfin dans la vraisemblance, qu'entre tous les citoyens d'un Etat, ceux qui joignent à la qualité de Représentans du Peuple, les lumières acquises par la gestion des affaires publiques, sont les plus dignes d'être écoutés ; mais ils perdroient leur influence comme les autres Membres des Communes, s'ils dédaignoient l'assistance de la raison, & s'ils rendoient un moment leurs intentions suspectes.

Il ne faut pas moins, cependant, que la présence habituelle des Ministres au Parlement, leur titre de Représentans du Peuple & leur mérite personnel, pour établir, entre le Corps Législatif & l'Administration, cette harmonie sans langueur, absolument nécessaire à l'action régulière du Gouvernement ; & au moment où elle disparoîtroit, cette harmonie, au moment où on lui préféreroit un système de défiance, tout deviendroit combat, tout seroit cabotage, & l'on ne tarderoit pas à éprouver que le désordre & la confusion sont le premier péril dont les Constitutions libres ont besoin de se garantir.

Que l'on rapproche maintenant de ces réflexions & des instructions plus certaines, que donne un grand exemple, le genre de relation des Ministres de France avec le Corps Législatif, & l'on verra distinctement l'infériorité de leur situation. Ils ne peuvent pas être élus Députés à l'Assemblée représentative de la Nation, ils y ont simplement droit d'entrée avec une place marquée dans la salle des séances. Mais là, tout est subalterne dans leur contenance politique ; aucun d'eux ne peut se mêler aux discuſſions étrangères à ſa geſtion, à moins que l'Aſſemblée, par une délibération formelle, *ne lui accorde la parole* (1). On voit d'un coup-d'œil combien eſt différente la poſition des Miniſtres Anglois ; ils n'ont pas à ſolliciter un Décret de la Chambre des Communes ; ils n'ont pas à tranſiger avec elle pour obtenir la parole, puiſqu'ils jouiſſent de tous les droits attachés à leur qualité de Repréſentans du Peuple, s'ils ont ſéance dans la Chambre Baſſe , où à leur qualité de Pairs du Royaume, s'ils ont ſéance dans la Chambre Haute. Et bien loin d'être conſidérés dans l'une ou l'autre de ces deux ſections du Parlement, comme des inférieurs que l'on fait taire ou parler à la

_____

(1) Ils ſeront entendus, toutes les fois qu'ils le demanderont, ſur les objets relatifs à leur adminiſtration , ou lorſqu'ils ſeront requis de donner des éclairciſſemens.

Ils ſeront également entendus ſur les objets étrangers à leur adminiſtration, quand l'Aſſemblée Nationale leur accordera la parole. (*Article X de la Section IV du Chapitre III de l'Acte Conſtitutionnel.*)

baguette, c'eft d'eux qu'on attend communément, ou les premières ouvertures fur les
difpofitions nouvelles, utiles à l'état, ou les
premières obfervations fur les propofitions
faites par d'autres Membres du Corps Législatif. Auffi, la véritable participation du Gouvernement à la Légiflation, ne confifte point
dans la néceffité Conftitutionnelle de l'adhé-
fion du Monarque aux Bills du Parlement,
mais dans l'affociation des Miniftres aux délibérations qui précèdent ces lois.

Cette affociation, qui amène une difcuffion habituelle entre les Miniftres & tous
les autres Membres du Parlement, fert efficacement à prévenir le refus de la Sanction du Monarque aux diverfes réfolutions
du Corps Légiflatif; circonftance d'un grand
éclat, & qui peut, aifément, devenir l'origine
d'un efprit de défunion eetre les deux Pouvoirs. Enfin, les Miniftres d'Angleterre, en
propofant eux-mêmes au Parlement les projets de loi, ou en prenant une connoiffance
exacte des projets, préfentés par d'autres

Députés de la Nation, font appellés ainsi à
la préparation , ou à la discussion de tous
les détails de chaque Bill ; & au moment où
ces Bills , après avoir reçu l'approbation des
deux Chambres, font portés à la Sanction du
Roi, la délibération du Monarque se trouve
réduite à un point infiniment simple. Mais en
France , où tous les articles d'une loi font
adoptés fans le concours des Ministres, l'exercice du droit de Sanction se trouve foumis
à des difficultés particulières. Que doit faire
le Monarque , si , dans un décret , composé
d'un grand nombre d'articles , les uns lui
paroissent bons , les autres dangéreux ? La
Constitution l'oblige à refuser , ou à accepter la loi dans son ensemble , & fans aucune
observation. Sanctionnera-t-il donc les articles qu'il désapprouve , par égard pour les
articles qu'il croit utiles ? ou rejettera-t-il
ces derniers par la crainte des autres ? Voilà
l'embarras où doit se trouver fréquemment
le Monarque François ; & cet embarras, nui-
sible aux intérêts de l'Etat , est un esuite

naturelle de la féparation établie entre les Légiflateurs & les Chefs de l'Adminiftration ; féparation qui n'exifte point en Angleterre, qui n'exifte point dans la Conftitution fédérative de l'Amérique, & que nous avons feuls confondue avec le principe fage de la féparation des Pouvoirs.

On demandera fi la refponfabilité des Miniftres Anglois, n'eft pas affoiblie par leur qualité de Membres du Parlement ? elle ne l'eft point. La Chambre des Communes peut également les décréter d'accufation, lorfqu'ils fe rendent coupables de quelque forfaiture. Elle fignale encore fon mécontentement d'une autre manière, en déclarant que les Miniftres ont perdu la confiance de la Chambre, ou fimplement, en s'écartant de leur opinion dans les débats Parlementaires. On ne cherche pas, à la vérité, comme en France, à fe ménager le plaifir de les pourfuivre juridiquement , & l'on n'eft pas à l'affût de leurs moindres négligences ou de leurs moindres diftractions. Ils ne pourroient

pas même affifter au Parlement, & tel étoit
l'efprit du Corps Légiflatif ; car lorfqu'on
court le rifque de fa vie par une omiffion, il
faut être en entier aux détails de fon Département.

Tel eft cependant le fort que l'on fait
aux Miniftres de France. Le moment approche, fans doute, où l'on ceffera de fe croire
vaillant, de tout ce qu'on leur dit d'impoli ;
mais il reftera toujours affez de cette habitude, pour rendre la condition des Miniftres
incompatible avec la haute confidération
néceffaire aux premiers agens du Pouvoir
exécutif. On attaque auffi les Miniftres d'Angleterre au milieu du Parlement , mais c'eft
de pair à pair, & jamais avec un ton mêlé
d'arrogance & de mauvaife éducation ; ce
font leurs opinions que l'on combat, ce
font leurs principes que l'on cenfure, ce
n'eft jamais fur une exécution de détail
qu'on les épilogue. L'on doit obferver encore
que, dans les conteftations auxquelles on
engage un Adminiftrateur public, c'eft tou-

jours à *l'honorable Membre du Parlement* que l'on s'adreſſe ; enforte qu'idéalement, le Miniſtre du Monarque diſparoît de l'arène.

Aucune Nation ne défend ſes intérêts politiques, avec autant de force que le Peuple Anglois, & en même temps avec autant de reſpect pour le Chef de l'Etat, avec autant d'égards pour le Gouvernement. Cette marche meſurée eſt dûe eſſentiellement à la ſavante graduation de tous les Pouvoirs, & à l'harmonie qui exiſte entre l'opinion publique & l'ordre fixé par la Conſtitution. On ne peut s'attendre à rien de ſemblable, de la part d'une Aſſemblée inveſtie, ſans préparatif, d'un Pouvoir illimité, & dont l'exercice eſt confié à des hommes, qui, pour la plupart, ne ſont pas même contenus par les liens de la fortune & par l'habitude des égards. Il exiſte bien une Conſtitution ; mais elle eſt toute en écriture, & ſa configuration préciſe n'eſt gravée dans l'eſprit de perſonne ; il exiſte bien une Conſtitution, mais elle a mis les Pouvoirs en inimitié,

inimitié, avant même qu'ils fussent créés ; &
dans cette lutte de tous les élémens politiques, on y distingue uniquement les idées
prédominantes de liberté & d'égalité, ces
principes indisciplinés qui débordent la Constitution même , & que chacun suit à sa
guise & selon son interprétation. Un seul
ressort, au milieu de cette détente générale , eût pu tenir ensemble les principales
parties de l'administration, & on l'a brisé
comme tant d'autres ; il falloit, pour le
conserver, soutenir la considération des premiers intermédiaires du Pouvoir suprême ;
il falloit les unir au nouveau système du
Gouvernement autrement que par des prédi-
cations de patriotisme ou par des menaces de tout genre. Ils auroient servi de
point de ralliement, au milieu de la disper-
sion universelle de toutes les forces, & il
n'étoit pas à craindre qu'ils pussent en
abuser, près d'une masse d'opinions plus formidable en ses commencemens, que les
vieilles Bandes Romaines ; mais on a eu

peur de tout, excepté de l'anarchie, & cette
peur, fignalée dans tous les fens, eft l'empreinte la plus marquante du caractère fubal-
terne de nos Légiflateurs. Ils n'ont vu, dans
les Agens néceffaires à toute efpèce de Gouvernement, que des Miniftres d'un Roi ; &
ils ont mieux aimé leur faire la guerre,
que de les affocier à leurs travaux d'une
manière honorable. Ils ont cru que la féparation des Pouvoirs dérivoit de la féparation des perfonnes ; mais en mettant d'une
part les oppreffeurs, & de l'autre les oppri-
més, c'étoit le véritable moyen de n'avoir
qu'une autorité. Auffi l'abaiffement des Miniftres a-t-il amené, plus qu'aucune autre circonftance, la réunion de toutes les autorités dans les mains de l'Affemblée Nationale ; réunion non pas feulement impru-
dente, fous le rapport de la liberté, mais
dangereufe encore, ce qu'on n'a pas fu
voir, pour le maintien du crédit & de l'afcendant du Corps Légiflatif. Il femble, au
premier afpect, que l'accroiffement de fon

pouvoir, doit conduire à l'accroiſſement de
ſa conſidération ; mais ſi cet accroiſſement
de pouvoir met une Aſſemblée repréſentative dans la néceſſité d'agir ſans ceſſe, elle
perd, dans les détails étrangers à ſa deſtination, la conſidération dont elle a beſoin
pour les actes généraux de Légiſlation ; ou
du moins ſa réputation ſe trouve expoſée
à un plus grand nombre de chances. Enfin,
la conſidération d'un Corps Légiſlatif ſe
perd encore, d'une autre manière, quand il
exerce les fonctions du Pouvoir Exécutif,
parce qu'il devient alors acceſſible à toutes
ſortes de paſſions. Il ne peut plus reprendre, à ſa volonté, le caractère de modération, qui ſied à la conception des loix ; il
eſt venu lutter avec nos foibleſſes, & il ne
peut plus régler nos devoirs avec dignité ;
il a quitté la place du centre, & nos reſ-
pects n'ont plus de point fixe ; ſon pouvoir ſemble augmenté, mais ſon aſcendant
n'eſt plus le même.

Je traite donc un ſujet de la plus grande

conséquence, lorsque je fixe l'attention sur
la différente Conftitution du Miniftère en
Angleterre & en France : cette queftion fe
lie d'elle-même aux premiers principes de
l'ordre public ; & l'on retrouve fous toutes
fortes d'afpects que l'Affemblée Conftituante,
en fe propofant de féparer les autorités,
& en voulant les partager entre le Pouvoir
Exécutif & le Pouvoir Légiflatif, a négligé
de donner à l'un la confidération néceffaire
pour fe préferver de l'envahiffement de l'autre ; précaution cependant qui devoit être
continuellement préfente à fon efprit ; car la
proportion des forces, cette combinaifon, qui
régla de tout tems l'action des élémens, détermine, avec le même empire, tous les rapports politiques ; cette loi de l'Univers eft
auffi, je le penfe, un Statut Conftitutionnel,
& de tous le plus immuable.

CHAPITRE XII.

Diſtributions de Graces & nominations d'Emplois.

C'EST après avoir été quelques années au centre des affaires publiques , c'eſt après avoir été, pour ainſi dire , un des axes autour duquel tous les intérêts perſonnels ſe mettent en mouvement, que l'on eſt inſtruit, par ſoi-même , de l'activité de ces intérêts , & qu'on apprend en même - tems comment les hommes ſont tour-à-tour animés , adoucis & toujours enchaînés par l'eſpérance. Souvent ils penſent à eux au milieu de toutes les négligences qu'ils affectent , & au milieu même des ſacrifices, auxquels ils ſont conduits par les circonſtances. Ils ont , pour les jours de parade, les ſentimens les plus magnifiques ; mais dans leurs habitudes journalières , & dans leurs confidences ſecrettes , on voit qu'ils ſont préoccupés, les uns de leur

fortune, & les autres des diftinctions auxquelles ils peuvent prétendre. Ainfi, n'en
doutons point, plus on réduit le cercle des
encouragemens & des récompenfes dont le
Monarque doit avoir la difpofition, & plus on
affoiblit entre fes mains l'action du Pouvoir
Exécutif.

On a raffemblé, fous un titre particulier,
dans l'Acte Conftitutionnel, les fonctions de
ce Pouvoir, & comme elles repréfentent en
même-tems fes prérogatives, on a cru, fans
doute, qu'en les réuniffant & les cumulant,
on en donneroit une idée impofante : mais
on n'a pu faire illufion qu'à des hommes
fuperficiels ou dépourvus d'inftruction. Le
nombre en eft bien grand, on le favoit de refte.

J'examine ce tableau ridiculement faf-
tueux (1), & j'y voir d'abord rappelés,

_____

(1). CHAPITRE IV.
De l'Exercice du Pouvoir Exécutif.
ARTICLE PREMIER.
Le Pouvoir Exécutif Suprême réfide exclufivement
dans les mains du Roi.

comme à l'ordinaire, les noms de Pouvoir Exécutif *suprême*, de Chef *suprême* de l'Administration, de Chef *suprême* de l'Armée de terre, de Chef *suprême* de l'Armée de Mer; mais tous ces *suprêmes* me représentent un dais sans colonnes. Commander, ordonner, surveiller, sont autant de mots dénués de subs-

---

Le Roi est le Chef Suprême de l'Administration générale du Royaume : le soin de veiller au maintien de l'ordre & de la tranquillité publique lui est confié.

Le Roi est le Chef Suprême de l'Armée de Terre & de l'Armée Navale.

Au Roi est délégué le soin de veiller à la sûreté extérieure du Royaume, d'en maintenir les droits & les possessions.

II. Le Roi nomme les Ambassadeurs & les autres Agens des négociations politiques.

Il confère le commandement des Armées & des Flottes, & les grades de Maréchal de France & d'Amiral.

Il nomme les deux tiers des Contre-Amiraux, la moitié des Lieutenans - Généraux, Maréchaux de Camp, Capitaines de Vaisseaux, & Colonels de la Gendarmerie Nationale.

Il nomme le tiers des Colonels & des Lieutenans-Colonels, & le sixième des Lieutenans de Vaisseaux.

Le tout en se conformant aux loix sur l'avancement.

Il nomme dans l'Administration civile de la Marine,

tances, quand les moyens nécessaires pour
inspirer le respect & l'obéissance n'ont pas
été donnés.

On voit dans ce résumé Constitutionnel,
dans ce résumé fait avec une sorte d'art, que
la part du Monarque a été composée des prérogatives échappées à la réforme de chaque

---

les Ordonnateurs, les Contrôleurs, les Tréforiers des
Arsenaux, les Chefs des travaux, fous-Chefs des Bâti-
mens civils, la moitié des Chefs d'Administration &
des fous-Chefs de Construction.

Il nomme les Commissaires auprès des Tribunaux.

Il nomme les Préposés en chef aux Régies des
Contributions indirectes, & à l'Administration des
Domaines Nationaux.

Il surveille la fabrication des Monnoies, & nomme
les Officiers chargés d'exercer cette surveillance dans
la Commission générale, & dans les hôtels des Monnoies.

L'effigie du Roi est empreinte fur toutes les Monnoies
du Royaume.

III. Le Roi fait délivrer les Lettres patentes, Brevets & Commissions aux Fonctionnaires publics, ou
autres qui doivent en recevoir.

IV. Le Roi fait dresser la liste des pensions & gratifications, pour être présentée au Corps Législatif, à
chacune de ses sessions, & décrétée s'il y a lieu.

Comité ; on n'a laiffé au Roi ni les nominations que le Peuple pouvoit faire, ni les nominations qui pouvoient être foumifes à des
règles de promotion ; auffi, pour étendre en
apparence l'exercice du Pouvoir Exécutif, on
a mis en ligne de compte, & avec une forte
d'emphafe, la faculté laiffée au Roi *de faire
délivrer des Lettres - Patentes, Brevets &
Commiffions aux Fonctionnaires publics qui
doivent en recevoir.* Et l'on rappele ainfi l'hu-
miliante néceffité impofée au Roi de conferver par fon fceau ou par toute autre formalité cette multitude d'élections ou de promotions auxquelles il lui a été interdit de
concourir d'aucune manière.

Le dernier article des divers oripeaux, deftinés à former ou à relever la parure du
Pouvoir Exécutif, eft fingulier auffi. *Le Roi,*
dit-on, *fait dreffer la lifte des Penfions &
Gratifications, pour être préfentée au Corps
Légiflatif, à chacune de fes Seffions.* On confacre ainfi dans une loi Conftitutionnelle &
deftinée pour les fiècles, fi toutefois ils le

veulent bien , que le Roi, ce Chef *suprême* du Pouvoir exécutif, ce Chef *supréme* de l'Adminiſtration , ce Chef *supréme* de l'Armée de Terre, ce Chef *supréme* de l'Armée de Mer, ne peut pas donner un encouragement de cent écus , ſans le conſentement formel du Pouvoir Légiſlatif.

Mais, je ne ſais pourquoi j'anticipe ainſi ſur le tableau général, que j'ai deſſein de préſenter, afin de mettre en regard les prérogatives conférées au Monarque François, & au Roi d'Angleterre. Je crois ce rapprochement utile , & il ſe lie naturellement au ſujet que je traite.

Places de l'Egliſe.

Le Roi d'Angleterre , dans les mandats ou *congés d'élire* , qu'il adreſſe aux Chapitres, leur déſigne les Eccléſiaſtiques dont ils doivent faire choix pour Evêques ou pour Archevêques, & les Chapitres ſont tenus de ſe conformer à cette injonction ; ainſi l'on peut dire, avec exactitude , que le Roi

d'Angleterre nomme réellement aux premières places de l'Eglife.

Il nomme auffi, de droit, au plus grand
nombre des Prébendes & des Canonicats,
& plufieurs Cures dépendent encore de fon
choix.

Il n'y a plus ni Prébendes, ni Canonicats en France ; & tous les Evêques, tous
les Curés, font à la nomination du Peuple.

Pairs du Royaume.

Les Pairs du Royaume, en Angleterre,
font d'inftitution Royale ; & à mefure que
ce titre héréditaite s'éteint dans les familles,
ou lorfqu'il plaît au Roi d'Angleterre d'en
augmenter le nombre, la promotion à ces
premières diftinctions Nationales fait une
partie effentielle de fes prérogatives.

Il n'y a plus de Pairs en France, ni
aucunes diftinctions de ce genre.

Juges civils & criminels.

Les douze grands Juges d'Angleterre font choifis par le Roi. Il défigne le Préfident de chaque Tribunal, & il nomme de même le Procureur-Général (1).

En France, tous les Juges font élus par le Peuple, qui choifit auffi l'Accufateur public.

Le Préfident de chaque Tribunal eft élu par les Membres du Tribunal.

Jurés.

Les Jurés d'accufation font défignés en Angleterre par un Officier Royal.

La lifte des petits Jurés ou Jurés de jugement, fur laquelle l'accufé doit exercer fon droit de récufation, eft compofée par

---

(1) Les Officiers Municipaux des Villes ont pour la plupart, en Angleterre comme en France, une petite jurifdiction, & ces Officiers font nommés par le Peuple dans l'un & l'autre Royaume.

ce même Officier défigné fous le nom de
Shérif.

En France, le Procureur-Syndic du Diftrict compofe la lifte des Jurés d'accufation, & le Procureur-Syndic du Département compofe la lifte des Jurés de jugement.

Ces deux Officiers publics font nommés
par le Peuple.

Magiftrats de Police.

La Police, dans tout le Royaume, eft
exercée en Angleterre par des Juges de
Paix ; & tous ces Magiftrats font nommés
par le Roi.

Le Shérif, autre Officier Royal, a quelques attributions d'ordre public.

L'adminiftration relative à l'allignement,
l'illumination, la clarté des rues & la furveillance fur les approvifionnémens des den-
rées de néceffité, font confiées, en Angle-

terre , comme en France , aux Officiers
Municipaux , & ces Officiers font nommés
par le Peuple , dans l'un & l'autre Royaume.

Les fonctions de Police font partagées ,
en France , entre divers Adminiftrateurs ou
Magiftrats , qui tous , fans exception , font
nommés par le Peuple.

Maréchauffée.

Il n'y a point de Maréchauffée en Angleterre. Les Juges de Paix ont des Officiers
fubalternes à leurs ordres , défignés fous le
nom de Conftables ; & ces Conftables font
nommés dans une Affemblée des Juges de
Paix du Canton , forte de Magiftrats nommés par le Monarque , ainfi que je viens
de le dire.

Il y a une Maréchauffée en France , défignée fous le nom de Gendarmerie Nationale.
Les Adminiftrateurs de Départemens , tous

nommés par le Peuple, composent la liste
des Militaires éligibles aux places de Gen-
darmes, & sur cette liste, les Colonels, à
chaque vacance, désignent cinq personnes,
entre lesquelles ces mêmes Administrateurs
de Département doivent en retenir une. Le
Roi n'intervient, que pour accorder les
provisions nécessaires, & son unique fonction libre, dans toutes les élections relatives à la Gendarmerie, c'est de nommer
aux places de Colonels, qui sont au nombre de huit, mais seulement à une vacance
sur deux, & avec l'obligation encore de
fixer son choix entre les deux plus anciens
Lieutenans-Colonels. Tous les autres avancemens, dans le Corps des Officiers, doivent
avoir lieu par ordre d'ancienneté.

Recouvrement des impôts directs.

LES Commissaires autorisés par un Bill du
Parlement à répartir la taxe sur les terres,
& les divers Percepteurs de cet impôt, sont
nommés, en Angleterre, par le Bureau de la

Tréforerie, fous l'approbation fpéciale ou
tacite du Monarque ; car le Miniftre des
Finances eft Chef de ce Bureau, & les
autres Membres qui le compofent font
également choifis par le Roi, & révocables
à fa volonté.

En France, les Directoires de Département, les Directoires de Diftrict & les Officiers Municipaux répartiffent les impôts directs, & tous les Percepteurs, Receveurs & Tréforiers font à leur nomination.
Les Membres des Départemens & des Diftricts, de même que les Officiers Municipaux, font tous élus par le Peuple, fans aucune forte d'intervention de la part du Roi.

Recouvrement des impôts indirects.

Le recouvrement de ces impôts eft confié, en Angleterre, à la direction de divers Commiffaires, foit de la Douane, foit de l'Accife, &c., & ces Commiffaires font nommés

més

més par le Bureau de la Tréforerie, toujours fous le bon plaifir du Roi, puifque les Membres du Bureau de la Tréforerie font, comme je l'ai dit, choifis par le Monarque, & révocables à fa volonté.

Tous les Emplois fubalternes font donnés par ces Commiffaires, fous l'approbation tacite ou fpéciale du Chef des Finances.

Le Gouvernement en France nomme le petit nombre des Régiffeurs, qui doivent diriger, de Paris, la perception des impôts indirects; mais il eft aftreint par la Loi à choifir ces Régiffeurs entre les Prépofés du grade le plus élevé & qui ont fervi un certain nombre d'années dans ce grade. Il eft de plus autorifé à choifir les Directeurs, entre trois fujets, qui lui font indiqués par les Régiffeurs. Ces Directeurs rempliffent le pofte immédiatement inférieur à celui des Régiffeurs.

Tous les autres Emplois font donnés, fans intervention de la part du Gouvernement, conformément aux règles de promotion établies par l'Assemblée Nationale ; & l'admiffion aux grades, par lefquels on débute dans cette carrière, dépend abfolument des Régiffeurs.

Les étrangers auront peine à croire que les Légiflateurs de la France ayent voulu régler de fi petits détails, & emprifonner, en tous les fens, comme ils l'ont fait, le Pouvoir Exécutif fuprême.

Tréforerie Nationale.

LES fonctions de la Tréforerie Nationale fe bornent, en France, à tenir Regiftre des recettes & des dépenfes de l'Etat, & à diftribuer le produit des impôts, conformément aux difpofitions arrêtées par l'Affemblée Nationale ; mais en Angleterre, l'autorité de la Tréforerie Nationale s'étend beaucoup plus loin, & le Bureau qui la dirige a proprement l'Adminiftration des Finances, fous la préfidence du Miniftre ou Chef de ce Département.

J'ai déjà dit que tous les Membres de ce Bureau étoient nommés par le Roi d'Angleterre, & révocables à sa volonté.

La Tréforerie Nationale de France, limitée dans ses fonctions, ainsi que je viens de l'expliquer, est conduite par six Commissaires. Ces Commissaires sont à la nomination du Roi ; mais ils rendent un compte direct de leur gestion à l'Assemblée Nationale, sans la médiation d'aucun Ministre.

La nomination des Commissaires de la Tréforerie n'a pas été mise au nombre des prérogatives constitutionnelles du Monarque, & l'on a déjà proposé à l'Assemblée Nationale de priver le Roi de ce privilége ; l'idée a été accueillie, mais la décision est ajournée.

Les Commissaires de la Tréforerie doivent nommer tous leurs subalternes, sans aucune dépendance, ni du Roi, ni de ses Ministres.

Armée de Terre.

L'ADMISSION dans le fervice de l'Armée de Terre, & toutes les nominations d'Officiers dépendent, en Angleterre, du Pouvoir Exécutif. Il exifte des règles de promotion; mais ces règles émanent de la volonté & de l'autorité du Monarque.

En France, le Corps Légiflatif a fixé lui-même ces règles de promotion, & la Conftitution n'a laiffé au Roi que la nomination du tiers des Colonels & Lieutenans-Colonels, de la moitié des Maréchaux de Camp & des Lieutenans-Généraux, & de la totalité des Maréchaux de France, dont le nombre eft fixé à fix.

Le Monarque eft de plus aftreint par la Loi à faire ces différens choix parmi les Officiers le plus près, en rang, du grade qu'il confère.

Enfin, l'admiffion même au fervice, dépend d'un examen dont les conditions ont été fixées par le Corps Légiſlatif.

Gardes du Roi.

Aucune Loi de l'Etat n'aſſervit le Roi d'Angleterre à des règles, ni pour le choix, ni pour l'avancement des Officiers de ſes Gardes.

L'Assemblée Nationale, en France, a d'abord fixé les conditions auxquelles on pourroit être admis dans les Gardes du Roi, ſoit en qualité d'Officiers, ſoit comme ſoldats; & pour l'avenir, elle a ſoumis les promotions des Officiers aux règles établies dans l'Armée de ligne & dont j'ai déjà donné l'explication.

Milices.

Les Lieutenans-Généraux de la Milice d'Angleterre, ſont choiſis par le Roi. Ces Officiers, avec ſon agrément, déſignent les

Aides-Lieutenans, ainſi que les Colonels, &
ces derniers nomment aux Compagnies.

En France, les Gardes Nationales nomment de grades en grades, tous leurs Officiers, & ne ſont pas même aſtreintes à donner
connoiſſance au Gouvernement du réſultat de
leurs élections.

Armée de Mer.

Tous les Officiers de Marine, en Angleterre, ſont nommés par le Roi; les règles
de promotion, les règles d'admiſſion à ce
ſervice, dépendent de ſon autorité.

En France, les promotions dans le ſervice de Mer ſont déterminées par le Corps
Légiſlatif; & c'eſt par la Conſtitution même
que la prérogative du Monarque eſt reſ-
treinte à la nomination du ſixième des Lieutenans de Vaiſſeaux, à la moitié des Capi-

trines, aux deux tiers des Contre-Amiraux, & au choix des trois Amiraux.

L'admiſſion dans la Marine militaire eſt de plus ſoumiſe à des examens & à des conditions poſitives, qui la rendent indépendante de la volonté du Monarque.

Adminiſtration civile de la Marine.

En Angleterre, tous les Emplois dans l'Adminiſtration civile de la Marine, ſont donnés, ſous le bon plaiſir du Roi, par un Conſeil d'Amirauté, dont le Miniſtre du Département eſt le Chef. Tous les Membres de ce Conſeil ſont choiſis par le Monarque, & révocables à ſa volonté.

En France, on a étendu juſques à ces ſortes d'Emplois les règles d'avancement, fixées par le Corps Légiſlatif, & le Roi eſt aſtreint à s'y conformer, dans le petit nombre de nominations qu'on lui a laiſſées ; & à ces conditions mêmes, il ne peut, ſelon

P iv

l'Acte Constitutionnel , choisir qu'une moitié des Chefs d'Administration & des sous-Chefs de Construction.

Invalides.

L'ADMINISTRATION du célèbre Hôpital de Greenwich, les règles d'admission aux secours de cette maison , & toutes les dispositions relatives à la retraite des Invalides , dépendent immédiatement de l'autorité du Monarque Anglois.

LES Législateurs de la France viennent de convertir en Administration Elective & Municipale , le Gouvernement de l'Hôtel Royal des Invalides , & cette partie importante de la chose publique , avec toutes les branches qui s'y rapportent , se trouve soustraite à l'autorité du Monarque.

Emplois civils dans l'intérieur du Royaume.

LES Lords-Lieutenans de chaque Comté font nommés par le Roi d'Angleterre ; leur

principales fonctions concernent la Milice.
Les Shérifs font auffi choifis par le Monarque,
à un très-petit nombre d'exceptions près.
Leurs fonctions font abfolument civiles. Ils
doivent parcourir leurs Provinces, deux fois
l'année, pour y décider divers objets d'Adminiftration. Ils forment la lifte des Jurés,
ils les convoquent & veillent à leur réunion.
Ils font pour la Tréforerie le recouvrement
des amendes, dépenfes, contraintes, &c.,
&c. Les Shérifs n'ont pas d'appointemens,
& leur Office eft purement honorifique; mais
il exifte dans l'Adminiftration plufieurs pof-
tes auxquels de forts émolumens font attachés, entr'autres, la place de Gouverneur des
Cinq-Ports.

Tous ces Emplois font également à la nomination du Roi.

Il n'exifte plus aucune place de ce
genre en France, à la difpofition du Monarque. Toutes les parties de l'Adminiftration
intérieure font confiées aux Confeils &

aux Directoires de District & de Département, dont les Membres sont élus par le Peuple.

Les Commandemens des Forteresses & des Châteaux militaires, sont attribués, sans émolumens particuliers, aux Chefs des Troupes qui s'y trouvent placés.

Ordres de Chevalerie.

Le Roi d'Angleterre a le droit de créer des Ordres de Chevalerie, & l'on n'y est admis que par sa volonté. Ces distinctions, en ce moment, sont au nombre de quatre; l'Ordre du Chardon pour l'Ecosse, l'Ordre de Saint Patrice pour l'Irlande, l'Ordre du Bain & l'Ordre de la Jarretière pour l'Angleterre.

Il est encore une distinction Nationale & honorifique, conférée par le Roi : c'est le titre héréditaire de Chevalier Baronet & le titre à vie de simple Chevalier.

L'ORDRE de St. Louis eſt le ſeul qu'on ait laiſſé ſubſiſter en France, & l'on obtient de droit cette diſtinction, après vingt-quatre ans de ſervice militaire.

La Conſtitution réſerve au Corps Légiſlatif, le privilége de décerner des honneurs à la mémoire des grands hommes, & le droit de fixer, par des loix & d'une manière générale, les marques de diſtinction qui devront être accordées aux perſonnes dignes, par leurs ſervices envers l'Etat, de quelque récompenſe éclatante.

Graces pécuniaires.

IL exiſte en Angleterre un certain nombre d'Emplois lucratifs, dont l'inutilité eſt tellement reconnue, qu'ils ſont déſignés ſous le nom d'Emplois *ſine curâ*; mais le Parlement en laiſſe ſubſiſter les émolumens, à la charge du Tréſor public, afin de conſerver au Roi la diſpoſition de quelques récompenſes pécuniaires.

En France, rien de pareil n'exiſte, &
aucune prérogative de ce genre n'a été
accordée au Roi. On a bien réſervé un
fonds annuel de deux millions, pour être
diſtribué en penſions ou en gratifications ;
mais le concours du Monarque, à la diſtribution de cette largeſſe, eſt exprimé, dans
l'Acte Conſtitutionnel, en ces termes : *Le Roi
fait dreſſer la liſte des penſions & gratifications, pour être préſentée au Corps Légiſlatif, à chacune de ſes Seſſions, & décrétée
s'il y a lieu.* On a eſquivé de dire, ſi cette
liſte ſera compoſée de toutes les penſions
& gratifications, qui ſeront demandées,
ou de celles dont le Roi jugera la conceſ-
ſion raiſonnable. En attendant, il paroît que
l'on ne croit point l'initiative du Roi néceſſaire en cette partie ; car les plus petites ſol-
licitations ſont adreſſées directement à l'Aſſemblée, & la maſſe entière des penſions &
des gratifications nouvelles, ou des penſions
conſervées, a été décrétée, dans la dernière

Seſſion, ſur le rapport & la propoſition d'un Comité de l'Aſſemblée.

JE pourrois, en multipliant les détails, étendre encore davantage ce parallèle, mais j'en ai dit aſſez pour remplir le but que je me ſuis propoſé.

Je me ſouviens du tems où l'on diſoit en France que le Roi d'Angleterre n'étoit qu'un premier Sénateur dans une République. Les prérogatives de ce Magiſtrat ſont aujour-d'hui auſſi ſupérieures à celles *du Roi des François*, qu'elles paroiſſoient autrefois infé-rieures à celles *du Roi de France.*

La nomination des Ambaſſadeurs & des Miniſtres auprès des Cours étrangères, eſt la ſeule prérogative qui ait été accordée, de la même manière, aux deux Monarques. Il n'eſt pas ſûr que cette parité fût reſtée telle, ſi l'avancement dans la carrière diplomatique eût pu être foumis à des règles fixes. Je ferai, d'ailleurs, une obfervation importante, & qui s'applique aux droits de nomination, remis entre les mains d'un Monarque, pour l'utilité Nationale ; c'eft qu'en laiffant imparfaite la confiftance du Pouvoir Exécutif ; en négligeant de compofer, pour ainfi dire, en fon entier, la dignité Royale ; en tenant ainfi le crédit du Chef de l'Empire dans un état continuel de foibleffe & d'intermittence, la faculté qui lui eft laiffée de nommer à quelques emplois, devient abfolument nulle, ou ne remplit pas du moins fon objet politique, parce que le Roi fe trouve alors dominé, dans l'application de cette faculté, par tous ceux qui fe préfentent à lui comme les foutiens momentanés de fon autorité vacillante. On pourroit même avancer, fans bifarrerie, qu'en réduifant trop fortement le nombre des nominations, à la difpofition du Pouvoir Exécutif, l'on introduit plus fûrement la corruption, que l'on inveftiffoit le Monar-

que de toutes les prérogatives néceſſaires à
ſa dignité. Car, lorſqu'on l'a rendu content
de ſa deſtinée Royale, il peut être déterminé, dans toutes ſes actions, par la ſeule
vue du bien public ; mais dans une autre
ſituation, c'eſt à l'accroiſſement de ſa puiſſance que tous ſes moyens ſont deſtinés. Je
préſente ici l'idée générale, celle qu'on peut
extraire du caractère commun des hommes
& de leur nature invariable ; je laiſſe à l'écart
toutes les exceptions.

Il y a, l'on doit en convenir, une ſin-
gularité remarquable dans la Conſtitution
Françoiſe ; on attend, on exige du Monarque, qu'il diſpoſe les Peuples à l'obéiſſance,
qu'il faſſe exécuter les loix, qu'il maintienne
l'ordre public, qu'il veille à l'aſſiette & au
payement des contributions, qu'il lève &
prévienne les obſtacles à la circulation des
ſubſiſtances, qu'il imprime à toute l'Adminiſtration le mouvement dont elle a beſoin,
qu'il règle ſa marche & qu'il applaniſſe ſes
voies ; enfin, la défenſe & la ſûreté de l'Etat

font particulièrement confiées à sa prévoyance, & à l'activité de ses mesures; voilà tous les devoirs qu'on impose au Gouvernement, & en même-tems on lui donne pour agens, dans toutes les parties les plus difficiles & les plus essentielles, des hommes qui ne sont pas de son choix, des hommes qui doivent leurs places, les uns aux suffrages du Peuple, les autres à des règles de promotion, fixées d'une manière invariable. On l'a vu; les Magistrats civils & criminels, les Juges de Paix, les Membres du Tribunal de Cassation, ceux de la Haute Cour Nationale, les Administrateurs de Département, ceux de District, les Officiers Municipaux des Villes, tous les Chefs de la Justice, de la Police & de l'Administration, sont nommés par des Electeurs qu'une réunion de Citoyens actifs a désignés; & l'intervention du Roi, son consentement, son approbation, toutes les conditions enfin qui peuvent indiquer le plus léger concours de sa part, ont été solemnellement rejetées. C'est encore de la même

même manière , & fans aucune efpèce de
communication avec le Gouvernement , pas
même celle d'une inveftiture de formalité ,
que font nommés les Miniftres du culte ,
ces premiers inftituteurs de la morale, dépo-
fitaires encore du pouvoir de la Religion
fur les opinions & fur les confciences. La
Gendarmerie Nationale, chargée de protéger,
à main armée, la fûreté des grands chemins,
la tranquillité des marchés & toutes les
parties de l'ordre extérieur , cette Gendarmerie eft nommée par les divers Départemens , & l'intervention du Monarque eft à-
peu-près nulle. Les Gardes Nationales nomment elles-mêmes leurs Officiers fubalternes,
& ceux-ci doivent élire les Officiers fupérieurs. L'Armée de Terre & de Mer, à quelques exceptions près , eft foumife à des
promotions invariables. Enfin , les Tréforiers
& tous les Receveurs des impofitions direc-
tes, ne font ni défignés ni approuvés par
le Roi ; & les divers Employés dans la Régie
des impofitions indirectes, étant nommés de

grade en grade , par leurs fupérieurs , le pri-
vilège du Gouvernement fe borne à choifir
les premiers Prépofés , dans le nombre des
Commis du fecond rang.

Ainfi , de toutes parts , & dans tous les
fens, la défiance envers le Gouvernement
eft tellement fignalée , que l'on paroît avoir
abfolument perdu de vue la néceffité de fon
afcendant & de fa confidération.

Enfin, on n'a jamais imaginé , je le crois,
d'impofer au Chef de l'Etat les devoirs les
plus étendus , & de l'obliger, en même
temps, à remplir fes diverfes fonctions, à
l'aide d'Agens, dégagés envers lui de toute
efpèce de liens ; des liens de la reconnoiffance , parce qu'ils ne font pas de fon choix;
des liens de la fubordination , parce qu'ils
tiennent leur pouvoir du Peuple , & des liens
de l'efpérance , parce que le Roi ne peut
rien pour eux.

Auroit-on penfé , qu'en laiffant au Roi le
choix de fes Miniftres, tous les autres Agens
du Gouvernement devoient être nommés par

la Nation ? Mais les Miniſtres d'un Roi font partie de lui-même , & ne peuvent jamais être confidérés comme un fupplément à fon pouvoir, ni une addition à fa confidération. Ils compofent l'une des ailes extérieures de l'édifice royal , & celle que les vents , la grêle & les orages endommagent le plus promptement.

Les hommes , qui fuivent les grandes affaires avec attention , auront facilement démêlé, dans les derniers difcours tenus à l'Affemblée Conftituante , par fon Comité principal, que ce Comité commençoit enfin à découvrir l'infuffifance des moyens deftinés au foutien du Pouvoir Exécutif, & fentoit la néceffité de donner plus de force à l'autorité Royale ; mais il n'avoit plus affez de crédit pour faire rétrogader l'Affemblée ; il eut fallu pouvoir rappeller les innombrables déclamations, dont on s'étoit fervi pour exciter, en d'autres circonftances, des fentimens abfolument contraires ; les impreffions étoient données , il n'étoit plus temps de les effacer ; les préjugés étoient formés, il n'étoit plus temps de les détruire. Grande leçon, qui avertit les hommes des dangers attachés au langage des paſſions ! ce langage ſéduit par la promptitude de ſes effets, mais il vous entraîne avec lui , & ne vous laiſſe plus la liberté de vous replier vers la raiſon & la vérité, lorſqu'un moment arrive, où il vous convient à vous-même de faire cette retraite. Auſſi, lorſqu'en rendant compte de la réviſion des Articles Conſtitutionnels, le Rapporteur du Comité a voulu obtenir la ſuppreſſion du Décret , qui interdiſoit au Roi de choiſir ſes Miniſtres parmi les Députés aux Légiſlatures , il a cherché en vain à environner ſon opinion de l'intérêt du Pouvoir Exécutif ; on ne l'a pas entendu, & l'on ne pouvoit pas l'entendre , puiſque le Comité de Conſtitution n'avoit jamais fixé l'attention de l'Aſſemblée Nationale ſur les difficultés attachées à la ſage compoſition de ce Pouvoir , & ſur toutes les dépen-dances d'une ſi grande & ſi importante

queſtion. On ne voulut donc attribuer qu'à
des intérêts perſonnels la propoſition du
Comité ; ſorte de ſoupçon toujours à la
main , & qui, dans ſa petite nature, influe
plus ſur l'opinion des hommes, que les
plus grandes conſidérations politiques. L'Aſſemblée Nationale, d'ailleurs, en revenant
ſouvent ſur ſes pas, l'a toujours fait avec
dépit ; car ce n'eſt pas ſeulement à un chef-
d'œuvre, mais à un chef-d'œuvre exécuté
d'un premier jet, qu'elle a élevé ſes prétentions. Ah ! que de vertus il faudroit réu-
pour être de parfaits Légiſlateurs ! je 's
aimerois mieux, ces vertus, que beaucp
de ſcience.

L'Aſſemblée Nationale , ſans vouſir ſe
l'avouer, a néanmoins eu le ſentimen ſecret
du peu de ſecours qu'elle devoit attendre
du Pouvoir Exécutif, dans l'état de foibleſſe
où elle l'avoit réduit ; & toujours n croiſ-
ſant, il a paru que l'exercice des punitions
étoit le grand reſſort, dont elle vuloit faire
uſage. Auſſi, l'Accuſateur publ joue-t-il

tin grand rôle, & dans l'ordonnance politique, & dans toutes les délibérations de
l'Affemblée Nationale ; & par un changement inouï, les condamnations & les fup-
plices font devenus, tout-à-coup, la ref-
fource & l'efpérance de la Nation Françoife.
Mais, fi l'on eut penfé, dans tous les fiècles,
que les châtimens fuffifoient pour affurer le
mouvement régulier d'un grand Empire, le
mot de Gouvernement, le mot d'Adminiftration, n'auroient pas été confacrés par le
temps, n'auroient pas même été introduits
ans la langue, & il eut fuffi de tout l'attirail juridique, deftiné à la vengeance des
lo.; mais on a fenti qu'il falloit, pour les
Nabns, des rênes plus douces ; on a fenti,
fur-out, que la multitude innombrable
d'intérêts, en oppofition avec l'ordre public,
exigeoit une furveillance active & une autorité d'opinion, capables l'une & l'autre
de contenir, fans effort & fans violence,
toutes les parties mouvantes de l'harmonie
fociale. Ce n'eft donc pas, comme on lo

penfe, à fe fervir du glaive de la loi, que
le Pouvoir Exécutif eft deftiné ; fa miffion,
au contraire, & fon utilité confiftent à éloigner, à éviter la néceffité de ce moyen de
force, de ce moyen qui avilit les ames, &
qui, dans un pays libre, ne pourroit être
employé fouvent, fans irriter les efprits, ou
dénaturer tous les caractères.

Ne négligeons pas encore de faire obferver, que, dans ce nombre infini de rapports, dont la fociété eft compofée, les
accidens & les contrariétés fe multiplient
dans la même proportion ; & ce n'eft pas
avec une main roide & munie d'un feul inftrument, ou d'une feule arme, que l'on peut
garantir l'Etat des différens malheurs, dont
il eft habituellement menacé. Une agitation
déréglée a fes dangers ; mais un défaut de
mouvement n'eft pas moins à redouter.
L'ordre peut périr dans un Royaume, &
par la foibleffe, & par l'indifférence, & par
l'inaction des Corps Adminiftratifs, ou des
autres autorités intermédiaires. Les punitions

ne réveillent point cette langueur politique; il n'appartient qu'à l'espérance d'entretenir une action continuelle, & telle est sa puissance, qu'elle peut dominer le sentiment même de la crainte, en présentant, quand il le faut, toutes les déceptions qui donnent la confiance d'échapper aux dangers les plus vraisemblables.

Ne nous plaignons point de cet empire, en le considérant d'une manière générale; il est plus doux & plus assorti, ce me semble, à notre nature, que la domination farouche des lois vengeresses. Il faut, dans la carrière immense des affaires publiques & dans les travaux divers qu'elles exigent, présenter aux hommes différens mobiles; aux uns, & en petit nombre, on peut montrer la gloire & la renommée; aux autres la vertu & ses jouissances solitaires; à tous, & pendant un temps, l'amour de la Patrie, avec toutes les interprétations qu'une exaltation passagère peut y donner; mais les espérances, même les plus confuses & les plus incertaines, font, pour la généralité des hommes, l'encouragement de tous les jours & de toutes les heures ; il faut donc confier ces efpérances, s'il m'eft permis de parler ainfi, il faut les confier, au moins dans une mefure fuffifante, au dépofitaire du Pouvoir Exécutif, afin que leur difperfion prudente & féconde devienne fa force vivifiante , & fa plus vive affiftance.

CHAPITRE XIII.

Formes obfervées envers le Monarque.

Ce n'eft pas feulement à l'aide des prérogatives réelles attribuées au Pouvoir Exécutif, que la haute confidération dont il a
befoin, & le caractère impofant de dignité,
néceffaire à fon action, fe forment & fe main-
tiennent. Il eft indifpenfable encore d'environner le Chef de l'Etat, de tout ce qui
peut fervir à dominer l'imagination. Nous
fommes tous acceffibles à divers genres d'impreffions ; une longue éducation de nos facultés fpirituelles, cet apanage du loifir & de
la richeffe, permet à quelques-uns d'entre
nous de foumettre leurs fentimens & leurs
principes aux lents réfultats d'une méditation éclairée ; mais le grand nombre des
hommes, ceux qui font obligés de confa-

crer à des travaux lucratifs le premier dé-
veloppement de leurs forces, resteront toujours sous l'empire des idées les plus simples. Ce n'est pas un reproche à leur esprit,
mais une suite inévitable de leur humble
fortune. C'est par un effet de ces vérités
indestructibles, de ces vérités, liées & à
notre nature, & à notre position sociale,
que, pour maintenir dans un vaste Royaume
les liens mystérieux de la subordination &
de l'obéissance, il faut captiver également,
& les sentimens rapides, & les sentimens
réfléchis.

La plupart des hommes, uniquement at-
tentifs aux idées d'orgueil ou de vanité,
qu'à inspirées aux Princes l'éclat de leur
rang, ont été entraînés à considérer cet éclat,
comme indifférent à l'intérêt social; & les
petits philosophes du temps, faisant un pas
en avant, ont présenté comme un avilisse-
ment, toutes les marques de respect destinées à relever la majesté du Monarque; mais
les illusions des Rois, sur l'origine & l'es-

prit de ces divers hommages, ne doivent pas nous égarer nous-mêmes, & diſtraire nos regards des idées premières & des vues générales, qui ont fait un élément politique de la ſplendeur du Trône & de ſa douce autorité ſur l'imagination des hommes.

L'Aſſemblée n'a pas eu ces idées premiè-res, aſſez préſentes à ſon ſouvenir; ou bien, elle les a ſacrifiées trop légérement à des ſentimens paſſionnés. Cependant, c'étoit en diminuant, chaque jour, les prérogatives réelles du Monarque, qu'il devenoit plus eſſen..iel de ménager ſoigneuſement l'habitude du reſpect pour ſon rang ſuprême; c'étoit en réduiſant ſes moyens effectifs d'aſcendant & d'autorité, qu'il ne falloit pas obſcurcir en-core ſon auréole; mais je ne ſais pourquoi nos Légiſlateurs ont toujours regardé l'obéiſ-ſance d'un grand Peuple, comme une idée ſimple, & qu'il ſuffiſoit de fixer par un arti-cle de la loi. On avoit décrété que le Pou-voir Exécutif ſeroit remis entre les mains du Monarque, & l'on ne s'étoit point oc-

cupé de la conftitution de ce Pouvoir ; on
a déclaré de même le Gouvernement François, Monarchique , & l'on n'a point examiné de quelle manière on compoferoit la
majefté du Trône. Cependant, l'utilité d'un
Monarque n'eft pas dans fon titre , mais
dans tous les accompagnemens de la Royauté,
dans ces attributs divers qui captivent les
égards, impofent le refpect , & commandent
l'obéiffance. Enfin, & c'eft peut-être un grand
fujet de réflexion que je vais indiquer , on a
méprifé tous les fentimens qui naiffent de
l'habitude & de l'opinion , & l'on n'a pas
vu que c'étoit, par l'autorité du Monarque
fur ces mêmes fentimens , qu'un Roi devenoit véritablement diftinct de la loi , & lui
prêtoit de la force.

L'Affemblée Nationale auroit apperçu ,
peut-être, toutes ces vérités, fi, de bonne
heure, elle ne s'étoit pas abandonnée à
un efprit de jaloufie. Elle a vu conftamment
le Roi comme un rival , au lieu de s'enhardir,
en Légiflatrice, à le confidérer comme l'ac-

teur principal dans un Gouvernement Monarchique, & à lui faire à temps fa part avec
prudence. On s'eſt indiſcrètement amuſé,
pendant la durée de la Seſſion, à lui donner
le nom de *Premier Fonctionnaire public*;
& c'eſt après avoir combiné, après avoir
dicté, pour ainſi dire, tous les articles de la
conſtitution, ſous ce titre, qu'on s'eſt aviſé
tardivement, & en faiſant la clôture des travaux de l'Aſſemblée, de l'appeller, pour la
première fois, *le Repreſentant héréditaire de
la Nation.* L'on n'a pas ſongé que cette ſeule
dénomination très-ſenſée, exigeoit des Légiſlateurs qu'ils refiſſent en entier leur ouvrage. Que diroit-on d'un peintre, qui, après
avoir voulu rendre ſur la toile les traits du
premier des Dieux de la fable, & s'apper-
cevant, au dernier coup de pinceau, qu'il
avoit oublié de placer dans le Ciel le maître
de la Terre, imagineroit tout réparer, en
mettant en gros caractère le nom de *Jupiter*
au bas de ſon tableau.

Les Anglois, jaloux à l'excès de leur

liberté, & qui portent jufques dans les habitudes de la vie fociale, un caractère d'indépendance, ont toujours voulu rendre à leur
Roi les plus grands honneurs ; & , loin de fe
fentir abaiffés par ces hommages, c'eft prefque
avec orgueil qu'ils s'y complaifent ; ils confidèrent l'éclat du Trône de la Grande-Breta-
gne, comme une forte d'image ou de reflet
de la dignité Nationale, & ils veulent, par
leurs propres refpects, affurer au Chef de
leur union politique les égards de l'Europe
entière.

Sans doute que, dans les momens où les
fages de cette Nation arrêtent leurs penfées
fur les grands principes de Gouvernement,
ils apperçoivent, qu'entre tous les moyens,
dont on peut armer le Pouvoir Exécutif, les
plus doux & les plus confonans avec la
fierté d'un Peuple libre, c'eft l'afcendant,
qui naît de la majefté de la loi, interprêtée
d'une manière fenfible, par la majefté du
Chef de l'Etat. Auffi, tandis que l'on pla-
çoit, en France, le fauteuil du Roi à côté

du fauteuil du Préfident éphémère de l'Affemblée Nationale , & qu'on s'affuroit , par
un alignement exact , de leur pofition parallèle , la Chambre des Communes de l'Angleterre , la même qui fit des Rois & leur
prefcrivit des conditions , la même qui , fans
effort , repoufferoit , d'une main affurée , la
plus légère atteinte aux libertés Nationales,
alloit à la Chambre des Pairs, entendre debout
& dans la contenance la plus féante , le difcours que , du haut de fon Trône, le Monarque adreffoit à fon Parlement. L'Orateur
des Communes y répondoit enfuite , avec
des formes de refpect, infiniment plus hono-
rables pour la Nation , que ce langage de
pair à pair , artiftement travaillé , ou labo-
rieufement tâché par divers Préfidens de
l'Affemblée Nationale. Toute cette roguerie
civique n'eft pas de la grandeur ; il s'en faut
bien, ou à coup fûr, du moins , elle n'en
préfente ni l'habitude, ni l'accoutumance ;
& l'on pourroit appliquer à certains fentimens exaltés , dont nous fommes tous les
jours

jours les témoins, ce mot que le Chancelier d'Agueffeau dit un jour de l'érudition politique d'un [homme de lettres: *On voit bien qu'il ne fait tout cela que d'hier.*

Je n'entrerai pas dans le détail de tous les manques d'égards envers le Roi, dont le cours entier de la dernière Affemblée Nationale a préfenté le continuel exemple; je ne veux fixer mes regards que fur la Conftitution : mais il n'eft pas moins vrai qu'il eft réfulté de la légèreté des difcours tenus par divers Députés, une forte d'encouragement ou de prétexte à cette multitude d'Écrits, dont le langage véritablement licencieux, a formé par degrés l'habitude générale d'un défaut de refpect pour le Trône & pour le Monarque; habitude qui n'a point été changée par la peine tardive, prononcée contre ceux qui *provoqueroient à deffein l'aviliffement des Pouvoirs conflitués ;* expreffion vague, fufceptible de toutes fortes d'interprétations, & qui fera conftamment expliquée felon l'efprit du moment. Il faut, de plus,

attendre qu'un Accusateur public, nommé
par le Peuple, & souvent près du terme de
son existence amovible, veuille prendre
fait & cause pour l'honneur de la Couronne.
Enfin, la Reine, dont la considération tient
si intimement à celle du Roi, leur fils, l'héritier du Trône, & les Princes du Sang
Royal, sont, relativement aux injures, dans
la même classe que tous les citoyens, & ils
devront poursuivre eux-mêmes leur vindicte;
ils devront s'exposer, en présence du public,
à tous les nouveaux outrages qu'un homme
attaqué par eux en réparation, se permettra
peut-être, ou pour essayer de se justifier,
ou simplement pour attirer sur lui l'attention.
On est bien sûr que des personnes d'un rang
illustre, & même de simples citoyens, amis
de la tranquillité, ne voudront pas, à de telles
conditions, courir le hasard d'une poursuite
contentieuse.

La Majesté du Monarque est encore altérée
par la contenance subalterne de ses Ministres;
ils sont nommés par lui, ils sont les inter-

prètes de ſes volontés, ils compoſent ſon Conſeil ; ainſi leur relief, leur conſidération extérieure, intéreſſent ſa propre dignité ; cependant ils ſont ce que chacun les voit, obligés de chercher du ſoutien dans leur propre foibleſſe, de l'exiſtence dans leur nullité, de la ſûreté dans leur dépendance. Ils ſont, de plus, abandonnés aux menus plaiſirs des Ecrivains folliculaires, & toutes ſortes de motifs les contraignent à reſpecter cet amuſement. Le Code correctionnel, imaginé pour eux, eſt encore, par ſes petites recherches & ſes ignobles détails, une atteinte indirecte à la Majeſté Royale.

L'Aſſemblée a mis de l'affectation à ſe jouer de toutes les idées qui paroiſſoient ſoutenues par une vieille opinion ; & quand on étend cette exagération juſques aux formes envers le Monarque & envers ſes Miniſtres, on eſt bientôt conduit à une familiarité & à une ſorte de cyniſme, très-propre, ſi l'on veut, à enchanter ceux qui comparent leur aiſance & leur hardieſſe du moment, avec leurs anciens

tremblemens & avec la politique de toute leur
vie, mais qui infpirent un véritable dégoût,
aux hommes fimples en tout tems & dans
leur courage, & dans leur fierté.

Cette prétendue liberté de principes, dont
on fe glorifie, eft encore une fuite du mêlange
indifcret de principes Républicains & de
principes Monarchiques, dont l'incohérence
fe fait fentir dans plufieurs parties de la Conftitution Françoife. Ah ! qu'ils ont été mieux
épurés, ces divers principes, dans la Conftitution d'Angleterre ! les uns & les autres y
ont pris leur place avec régularité ; le tems
& l'expérience ont fans doute amené cette
concorde ; mais nous fommes venus les derniers, & fi nous n'avons pas profité de
notre âge, la faute en eft à l'amour-propre
dévorant de nos premiers Légiflateurs ; ils
ont mieux aimé fe placer avant la raifon,
que de fe tenir au fecond rang ; & ils ont
mieux aimé devenir Chefs de Secte, que de
nous tranfmettre une heureufe & paifible
croyance.

Indiquerai-je encore, pour remplir l'intitulé de ce Chapitre, quelques dispositions éparses, où la Majesté Royale a été traitée avec une négligence dont on ne trouve l'esprit dans aucune des institutions du Gouvernement libre, qui me sert, en ce moment, de parallèle ?

J'aurois à faire remarquer le cérémonial entier, suivi dans les rapports de l'Assemblée Nationale ou de ses Députés, avec le Chef de l'Etat ; ce réglement qui interdit au Président de faire jamais partie des Députations du Corps Législatif auprès du Roi ; le Décret qui limite le cortège du Monarque, au moment où il paroît dans l'Assemblée, & de telle manière qu'il ne peut-pas même être accompagné des Princes de son Sang ; j'aurois à faire remarquer cette familiarité, observée dans toutes les communications avec le Chef de l'Etat ; cette affectation à lui parler toujours à la seconde personne ; cette permission donnée au Président de quinzaine d'écrire au Roi, dans le même style précisément qu'il employeroit avec un particulier ; cette manière enfin de chicaner à tel point fur toutes les formes, qu'un Chef de députation eſt couvert d'applaudiſſemens par l'Aſſemblée, lorſqu'il rend compte de ſa miſſion en ces termes : *Il m'a paru, quand nous ſommes entrés, que le Roi s'eſt incliné le premier ; je me ſuis incliné enſuite vers lui ; le reſte s'eſt paſſé ainſi qu'il eſt d'uſage.* Vous croyez donc, Meſſieurs, qu'il eſt magnifique & ſuperbe de diſputer avec le Roi juſques ſur les révérences ? D'héroïſme en héroïſme, vous aurez bientôt proſcrit toutes les règles de la bienſéance. Convenez cependant que, pour la célébrité de vos traits de courage, il ne faudroit pas avoir à les exercer auprès d'un Roi priſonnier, & qui peut voir de ſes fenêtres, tantôt ſes cours, tantôt ſes jardins, remplis d'hommes armés de piques ou d'autres inſtrumens de violence. Je me ſouviens d'avoir lu dans l'Hiſtoire, que le jeune Edouard, le vainqueur du Roi Jean, le ſervit à genoux après la bataille de Poitiers.

Mais laissant à part tous les devoirs de la
puissance & tous les procédés de la magna-
nimité, je demanderois de nouveau s'il y a
le moindre génie politique à vouloir une
Monarchie, & à négliger en même-tems la
Majesté du Monarque? L'Assemblée Nationale a toujours évité d'aborder cette question, ou de la considérer dans sa plénitude.
Le principe général, auquel elle a trouvé
commode de tout rapporter, c'est son dicton
sur l'égalité; & cette maxime, applicable à
l'empire des abstractions, à la région des
chimères, est devenue la principale origine
des fautes qui ont été commises dans la composition du nouveau Gouvernement de la
France.

Indiquons cependant quelques autres dispositions Législatives, où l'on remarque un
oubli complet de la dignité Royale, & qui
n'existent point en Angleterre. Je mets de
ce nombre l'obligation imposée au Roi, de
ne jamais s'écarter à plus de vingt lieues du
Corps Législatif; obligation qu'il faut rappro-

cher de la liberté, laiſſée à toutes les Légiſlatures, de fixer leurs ſéances dans le lieu où il
leur plait, & de les continuer ſans aucune
interruption ; en ſorte qu'aux termes précis
de la Conſtitution, un Roi de France pourroit arriver à quatre-vingts ans, ſans avoir jamais pu parvenir au centre de la Brie ou du
pays Chartrain.

Je ferois remarquer auſſi l'impuiſſance où
l'on a mis le Roi, de commander jamais
les armées, ni au-dehors, ni même au-dedans
du Royaume, à moins que les ennemis ne
s'approchaſſent à vingt lieues de diſtance de
l'Aſſemblée Nationale ; car le Monarque eſt
tenu de reſter dans cette circonférence,
lorſque le Corps Légiſlatif eſt aſſemblé, &
il eſt tenu de le convoquer ; dès que les
hoſtilités commencent. Voilà comme, en
deux tems, on a rendu le Roi de France
étranger aux dangers de la guerre, ſans que
perſonne y ait pris garde. Certainement ; une
telle diſpoſition, lorſqu'on la déclare Conſtitutionnelle, eſt manifeſtement incompatible

avec les divers élémens, dont la haute dignité d'un Roi se compose.

On pourroit observer encore l'espèce d'inconfidération jettée sur les Princes du Sang Royal, en les éloignant à la fois de toute fonction, & dans le Corps Législatif, & dans le Conseil du Roi, & en privant le Monarque de la faculté de les appeler, ou aux Ambassades, ou au Commandement des Armées, à moins d'avoir obtenu préalablement le consentement de l'Assemblée Nationale.

On remarqueroit peut-être cette Garde Nationale, placée près du Monarque, sous le nom de garde d'honneur, & qui, par l'indépendance constitutionnelle où elle est de ses ordres, ressemble beaucoup à une garde de surveillance.

On auroit besoin d'un peu plus d'attention pour découvrir tout ce qu'il y a d'irrévérent dans la formation de la Garde ordinaire du Roi. On a trouvé le secret de diminuer tout à la fois, & le relief de ce Corps, & l'intérêt de fes Chefs à mériter l'approbation du Monarque.

On a diminué fon relief, en n'admettant point les Officiers à concourir avec l'Armée de ligne aux avancemens militaires, en lui interdifant toute efpèce de fervice, ailleurs qu'au Palais du Monarque, & en lui ôtant la perfpective de fervir une fois militairement; puifque le Roi de France, comme je viens de l'expliquer, n'aura jamais la liberté d'aller à la guerre.

On a diminué l'intérêt des Officiers des Gardes à mériter l'approbation du Roi, en appliquant à ce Corps, abfolument féparé de l'Armée, les règles de promotion, établies pour les Troupes de ligne; inftitution qui réduit la prérogative du Monarque, dans le Corps de fes propres Gardes, au choix du Commandant, & de trois fois l'une à la nomination des Colonels & Lieutenans-Colonels, qui font au nombre de dix-huit; & c'eft encore parmi les Officiers du grade immédiatement inférieur, que le Roi devra

les prendre, lorfque fon tour d'élection
arrivera.

Tous les autres Officiers pourront garder le
Roi malgré lui.

Je confidère encore, comme une atteinte
à la Majefté Royale, la difpofition Légiflative, en vertu de laquelle l'Affemblée s'eft
emparée des propriétés territoriales du Monarque, & s'eft fubftituée aux droits qu'il
avoit, de retirer tous fes Domaines anciennement engagés. L'Affemblée Conftituante,
pour juftifier fon Décret, a été obligée de
rappeler les anciennes Loix Françoifes qui
avoient prefcrit la réunion des Domaines
des Rois à la propriété publique ; mais l'efprit
de ces Loix fuppofoit évidemment, comme
je l'ai déjà fait obferver dans mon précédent
Ouvrage, que la fortune de l'Etat, admi-
niftrée par le Prince, pouvoit être confondue avec la fienne propre, & fervir à l'accroiffement de fes revenus particuliers ; mais
du moment que, par un changement abfolu
de Conftitution, la féparation des deux

fortunes & la division de leur administration
étoient faites de manière à rendre leur confusion impossible, il n'y avoit aucun motif
légitime pour garder, au profit de l'Etat, les
propriétés territoriales & personnelles du Roi,
en y substituant une rente mobiliaire & dé-
pendante de la volonté d'autrui.

L'Assemblée Nationale a reconnu elle-
même, & sans y penser, la grande étendue
de ces propriétés; car, dans un de ses Décrets, rendus au mois de Novembre 1790,
on y lit que l'ancien Domaine, auquel on
donne le nom de public, *se seroit bientôt
anéanti, si ses pertes continuelles n'avoient
été réparées de différentes manières, & sur-
tout par la réunion des biens particuliers des
Princes, qui ont successivement occupé le
Trône.*

L'Assemblée n'a pas moins persisté dans
sa jurisprudence; & tandis qu'elle remontoit
à l'esprit des Loix, & en méprisoit la lettre,
pour changer diverses propriétés particulières
en propriétés publiques, elle a suivi une mar-

che absolument inverse, & a préféré la lettre à l'esprit, quand elle n'a pu justifier d'aucune autre manière, l'usurpation des propriétés foncières de la Maison Royale.

Le Roi d'Angleterre jouit aussi d'une liste civile accordée par la Nation, mais on n'exige pas une indemnité de ce salaire Royal; on ne prend pas d'une main ce qu'on donne de l'autre; & toute réunion forcée de la fortune du Monarque au Trésor de l'État, seroit sûrement rejettée par les Anglois, comme incompatible avec les principes d'une Constitution libre.

Mais l'Assemblée Constituante, qui vouloit installer le Monarque dans sa nouvelle qualité de *Premier Fonctionnaire public*, avoit été entraînée par une sorte d'harmonie, à le réduire en même tems à l'état de Pensionnaire; & lorsqu'à la fin de leurs travaux, nos Législateurs sont revenus à l'idée de donner au Monarque le titre de *Représentant Héréditaire de la Nation*, il n'étoit plus tems de réformer toutes les dispositions qui avoient servi d'accompagnement à leur premiére invention.

Ne soyons donc point étonnés qu'au milieu de tous ces changemens, & sous la main novice de tant de peintres de Constitution, la Majesté Royale ait perdu ses couleurs primitives. Nos premiers Législateurs, étonnés eux - mêmes de leur toute-puissance, & s'y confiant aveuglément, ont eu la témérité de présumer que leur agreste autorité pourroit supléer à l'empire de l'imagination, à cet empire fondé sur notre nature & sur son éternelle essence. Eux-mêmes, cependant, de combien de fictions n'ont-ils pas eu besoin, pour entretenir leur domination ? Les illusions leur ont bien autant servi que les réalités. Ils ont peur encore tous les jours que l'opinion ne leur échappe ; & lorsqu'ils ne peuvent pas la gagner, ils mettent tout en usage pour la fatiguer, & pour l'obliger à se rendre ; mais, délicate dans ses principes de vie, elle exige un traitement plus doux, & des Législa-

teurs qui ne peuvent rien faifir qu'à pleines
mains, ne doivent pas y toucher far ménagement.

L'Affemblée a féparé le Trône de tout
fon appareil, la Royauté de tous fes attributs, le Roi de tout fon cortège, & n'a
point examiné préalablement, fi, à de telles
conditions, la Majefté du Chef de l'Etat
pouvoit être maintenue, & fi cette majefté
impofante, qui difpofe les Peuples au refpect
& à l'obéiffance, n'étoit pas l'un des principaux avantages attachés à l'inftitution d'un
Roi & à l'établiffement d'un Gouvernement
Monarchique.

C'étoit fur-tout dans un Gouvernement,
compofé de tant de refforts, comme l'eft
aujourd'hui celui de la France, que l'on
devoit mettre un grand intérêt & un intérêt patriotique à la dignité extérieure du
Chef fuprême de l'Adminiftration ; il eût
fallu inventer cette forte de fuprématie, fi
l'on n'en avoit jamais eu l'idée ; il eût fallu
l'inventer, afin d'imprimer un mouvement

régulier à un affemblage de tant de parties.
C'eft donc un plaifir d'enfans, que de chercher à rabaiffer la Majefté du Tróne. La liberté qui vieillit les Nations, en accélérant
le progrès de leurs lumières, ne tardera pas
à rendre générale & commune une fi importante vérité.

CHAPITRE

CHAPITRE XIV.

Droit de Paix & de Guerre.

LE choix que fait une Nation de l'un des Pouvoirs dont fon Gouvernement eft compofé, pour lui confier le droit de contracter des alliances, le droit de déclarer la guerre, le droit de figner la paix; ce choix, qui doit fixer en quelles mains fera dépofée la plus importante des attributions politiques, ne peut être étranger à la dignité du Monarque; mais comme des intérêts encore plus effentiels doivent influer fur une détermination d'un genre fi grave, je n'ai pas dû mêler cette difcuffion aux réflexions générales que je viens de préfenter fur la majefté du Trône, & fur les diverfes circonftances propres à la relever ou à l'affoiblir.

Tout le monde fait qu'en Angleterre le

Roi peut faire la guerre & la paix, & contracter toutes sortes d'engagemens de politique & de commerce, sans le concours
d'aucune autre autorité que la sienne.

On présente ainsi le Monarque aux Puissances étrangères, avec toute la dignité nécessaire pour traiter honorablement & avanta-
geusement des affaires de la Nation ; mais
le Gouvernement n'est pas moins contenu
par deux freins salutaires. Il ne peut avoir
des fonds pour la guerre, ni pour aucune
entreprise hostile, sans le consentement du
Parlement ; & la responsabilité des Ministres
est une garantie efficace du soin qu'ils pren-
dront de consulter l'opinion publique, dans
toutes leurs transactions guerrières ou paci-
fiques.

Nous avons voulu aller plus loin, & l'imperfection de notre loi sur la paix & la
guerre, a montré la justesse de la ligne de
démarcation, observée par les Anglois, dans
la fixation des Pouvoirs destinés à décider
ces importantes questions. Elle nous a fait

bien du tort, cette Nation, en occupant, à
l'aide du temps, à l'aide d'un sens calme,
le poste de convenance dans le vaste systême
de l'Administration; car, entraînés par amour-
propre, à vouloir une place à nous, une
place nouvelle & jusques-là vacante, nous
nous sommes vus forcés de la prendre à côté
de la raison, & souvent encore, à plus grande
distance.

Il faut, pour montrer le rapport de ces
réflexions avec le sujet que je traite, rappeller d'abord les termes mêmes de la Loi
Constitutionnelle de France, relative au droit
de paix & de guerre (1).

---

(1) *Chapitre III, Section première, Article II.* La guerre
ne peut être décidée que par un décret du Corps Législatif, rendu sur la proposition formelle & nécessaire du
Roi, & sanctionné par lui.

Dans le cas d'hostilités imminentes, ou commencées, d'un allié à soutenir, ou d'un droit à conserver
par la force des armes, le Roi en donnera, sans
aucun délai, la notification au Corps Législatif, &
en fera connoître les motifs. Si le Corps Législatif est
en vacance, le Roi le convoquera aussi-tôt.

Si le Corps Législatif décide que la guerre ne doive

Cette loi, fans être plus favorable au maintien de la paix, que la loi d'Angleterre, obfcurcit inutilement la majefté du Trône, entrave les négociations politiques, & donne

---

pas être faite, le Roi prendra fur le champ des me-fures pour faire cefler ou prévenir toutes hoftilités; les Miniftres demeurant refponfables des délais.

Si le Corps Légiflatif trouve que les hoftilités com-mencées foient une agreffion coupable, de la part des Miniftres, ou de quelqu'autre agent du Pouvoir Exécutif, l'auteur de l'agreffion fera pourfuivi crimi-nellement.

Pendant tout le cours de la guerre, le Corps Légif-latif peut requérir le Roi de négocier la paix, & le Roi eft tenu de déférer à cette requifition

Chapitre IV, Section III, Article premier. Le Roi feul peut entretenir des relations politiques au - dehors, conduire les négociations, faire des préparatifs de guerre proportionnés à ceux des Etats voifins; diftri-buer les forces de Terre & de Mer, ainfi qu'il le ju-gera convenable, & en régler la direction en cas de guerre.

Article III. Il appartient au Roi d'arrêter & de figner avec toutes les Puiffances étrangères, tous les Traités de paix, d'alliance & de commerce, & autres conven-tions qu'il jugera néceffaires au bien de l'Etat, fauf la ratification du Corps Légiflatif.

à la Nation une grande infériorité dans ses transactions au dehors.

Si les divers Souverains de l'Europe, fidèles aux règles de la plus parfaite loyauté, ne se faisoient jamais la guerre, qu'après s'être avertis de leurs desseins par une déclaration formelle, une Assemblée nombreuse, qui délibéreroit publiquement sur l'adoption ou sur la rejection d'une mesure de cette importance, seroit à-peu-près au niveau d'un Roi, méditant dans le secret de ses Conseils. Mais on est instruit, par l'expérience, que la politique des Princes s'affranchit, quand il leur plait, de ces gênes morales. Et alors il n'y a aucune égalité entre un Monarque qui déclare la guerre en la faisant, & une Assemblée Nationale qui discute à huis ouvert une pareille question, & qui manifeste ainsi ses dispositions, bien avant l'époque où son action devra commencer. Elle peut, sans doute, adopter ou rejeter la proposition d'une guerre, avec une telle promptitude, que les inconvéniens d'une publicité préma-

turée, foient effentiellement écartés ; mais
une telle accélération ne peut exifter qu'aux
dépens de la fageffe, aux dépens des règles
d'une prudente circonfpection , & c'eft un
autre malheur. Comment d'ailleurs atten-
droit-on une délibération rapide fur un fujet
fi grave, à moins que l'opinion n'eût été
préparée dans ces Clubs ou ces Sociétés qui
dominent l'Affemblée des Légiflateurs ? Mais
alors l'objection feroit la même, & fon application feule feroit changée.

Suppofons maintenant l'hypothèfe, où deux
Puiffances, après avoir examiné long-temps
s'il leur convient ou non de faire la guerre,
fe déterminent à refter en paix. L'une d'elles
a pu renfermer fes incertitudes dans le fecret d'un Cabinet politique , & n'a point
éveillé la défiance. L'autre, par fa Conftitution, a laiffé voir fes doutes à toute l'Europe ; elle a montré peut-être qu'une légère
majorité, dans une Affemblée nombreufe, a
déterminé fon fyftème pacifique ; les alarmes
naiffent au dehors ; les mefures de défenfe,

font ordonnées ; ces mesures amènent des
précautions réciproques ; la querelle s'engage,
& la guerre devient le réfultat d'une fimple
difcuffion faite avec publicité.

Le même Décret fur la paix & la guerre,
que j'examine en ce moment, préfente un
autre fujet de critique. On y défend au
Monarque, de déclarer la guerre fans le
confentement du Corps Légiflatif, & l'on y
fuppofe néanmoins formellement , que des
hoftilités auront pu être commencées par le
Gouvernement ; mais des hoftilités font communément la plus expreffive des déclarations de guerre. On ne pouvoit donc , que
d'une manière très-douteufe & très-imparfaite,
aux conféquences de ces hoftilités, en réfer-
vant au Corps Légiflatif le droit de les
faire ceffer, & en rendant les Miniftres-ref-
ponfables des délais ; car des hoftilités commencées, en entraînent d'autres de la part
de la Nation attaquée, & l'on n'eft pas fûr
d'en fufpendre l'action en s'arrêtant foi-
même.

Il faut donc que les hostilités , comme les
déclarations de guerre , émanent de la même
décision , & les preparatifs , avant-coureurs
de ces démarches , doivent encore être soumis
à la même autorité ; car souvent ils suffisent
pour engager une querelle politique.

On ne sait comment expliquer la manière
dont l'Acte Constitutionnel s'exprime sur le
droit de commencer les hostilités ; il ne dé-
lègue , ni ne refuse ce droit au Pouvoir Exécutif , & l'on a besoin de chercher l'esprit de
la loi dans quelques paroles transitoires.

Cependant , on ne peut pas mettre en
doute , qu'aux termes du Décret , le Gouvernement ne soit tacitement autorisé à déterminer une semblable mesure , puisqu'on
y lit ces paroles : « Dans le cas d'hostilités
» imminentes ou *commencées* , le Roi en
» donnera , sans délai , la notification au
» Corps Législatif , & en fera connoître les
» motifs ».

C'est bien des hostilités commencées par
le Roi , & non par une autre Nation , dont

on veut parler, puifqu'on oblige le Gouvernement à en faire connoitre les motifs , &
que, dans un autre article, il eſt dit que , ſur
le vœu du Corps Légiſlatif, *le Roi prendra
ſur le champ des meſures pour faire ceſſer
ou prévenir toutes hoſtilités , les Miniſtres
demeurant reſponſables des délais.* Comment
pourroient-ils faire ceſſer les hoſtilités *des
autres Nations*, ſous leur reſponſabilité !

Cette explication, d'ailleurs, paroît confir-
mée par un article , où il eſt dit : « Si lé
» Corps Légiſlatif trouve que les hoſtilités
» commencées ſoient une agreſſion *coupable*
» de la part des Miniſtres, ou de quelqu'autre
» agent du Pouvoir Exécutif, l'auteur de l'a-
» greſſion ſera pourſuivi criminellement ».
Ce ſont donc uniquement les agreſſions *coupables*, & non toutes les hoſtilités indiſtinc-
tement que l'on interdit.

Mais ce n'étoit point d'une telle manière ,
ce n'étoit point d'une manière indirecte qu'une
Aſſemblée Légiſlative devoit s'expliquer ſur
une queſtion d'une ſi grande conſéquence ;

& l'on peut d'autant moins fe rendre raifon d'une tournure fi extraordinaire , que l'Affemblée, en parlant du droit de déclarer la guerre, & du droit de faire des préparatifs, s'eft exprimée très-diftinctement , & en ces termes :

La guerre ne peut être décidée que par un Décret du Corps Légiflatif.

Le Roi feul peut faire des préparatifs de guerre, proportionnés à ceux des Etats voifins.

Pourquoi donc le Décret Conftitutionnel ne fait-il mention des hoftilités que d'une maniere ambiguë, *en cas d'hoftilités imminentes ou commencées, &c ?* Une telle forme eft fi bifarre , qu'on eft forcé de croire à l'embarras des rédacteurs de ce Décret. Mettre en article : *Le Roi a le droit de commencer des hoftilités,* tandis qu'on avoit dit : *la guerre ne peut être décidée, que par un Décret du Corps Légiflatif,* auroit fait rire toute l'Europe , & l'on couroit le rifque, que, dans l'Aréopage National, une voix s'élevât pour demander, fi des hofti-

tés n'étoient pas une déclaration de guerre,
& pour rappeller que, depuis long-temps,
la plupart des guerres avoient commencé
par des hostilités, & que les déclarations de
guerre avoient été changées en manifestes
justificatifs d'une agression faite sans aucun
avertissement.

D'un autre côté, prendre une marche
opposée, & mettre en article : *les hostilités*
ne peuvent être décidées que par un Décret
du Corps Législatif, ç'eût été ménager un
grand avantage aux autres Nations ; & quelqu'un dans l'Assemblée se rappellant que les
dernières guerres maritimes avoient commencé
par l'enlèvement subit de tous nos vaisseaux
& de tous nos gens de mer, auroient demandé
s'il étoit politique de rendre à l'avance impossible, toute revanche de ce genre & d'augmenter ainsi la sécurité d'un pareil genre d'a-
gression envers nous.

Les Membres du Comité Législateur, au
milieu de leur embarras, se seront dit peut-
être, esquivons la difficulté en parlant tran-

ſtroirement & d'une manière obſcure, de l'article des hoſtilités ; on ne s'en apperceyta
pas , & en réduiſant la queſtion aux vaines
déclarations de guerre , nous pourrons, en
apparence & ſans contradiction , adjuger au
Corps Légiſlatif le premier rôle politique. Le
Comité ne s'eſt point trompé ; & ce Décret,
où l'on autoriſe le Monarque à ordonner les
préparatifs de la campagne & à commencer
les hoſtilités , & où l'on réſerve au Corps
Légiſlatif le droit de decider de la guerre,
ce Décret a été trouvé dans Paris la plus belle
choſe du monde.

Portons maintenant notre attention ſur les
diſpoſitions relatives aux Traités de Paix,
d'alliance & de commerce: on voit que le Roi,
ſelon les Décrets Légiſlatifs & Conſtitutionnels , jouira de l'autorité néceſſaire, pour
arrêter & ſigner ces diverſes conventions;
mais elles n'auront de validité qu'après la
ratification du Corps Légiſlatif.

Cette condition, ſimple en apparence, ſe
compliquera beaucoup dans ſon application

politique, & il en réfultera, que les Traités feront plus difficiles à négocier, ou moins avantageux à la Nation Françoife. Une partie contractante ne fe détermine communément à faire connoître fa dernière ceffion, qu'au moment où elle eft certaine de pouvoir terminer à ce prix. Jufques-là, elle craindroit de donner avantage fur elle, en faifant connoître le facrifice auquel fa pofition ou fes intérêts la contraignent ; & fa réferve augmenteroit, fi la foibleffe Conftitutionnelle du Pouvoir négociateur n'offroit aucune garantie morale de l'approbation du Corps politique, auquel la ratification des Traités eft attribuée. D'ailleurs, fi l'on cumule enfemble, & cette difproportion de forces, & la fupériorité du privilége départi à l'Affemblée Nationale, & l'influence encore d'un autre droit qu'elle s'eft réfervée, celui de *requérir le Pouvoir Exécutif de négocier la paix*, il eft évident que le Corps Légiflatif demandera d'être inftruit du cours des négociations ; & cette information devenant

un sujet de controverse au milieu d'une
Assemblée nombreuse, la Nation étrangère
contractante sera parfaitement éclairée sur les
dispositions du Corps Législatif; & comme
la nature de son Gouvernement la rendra
maîtresse de toutes les parties de son secret
politique, la supériorité dont elle jouira sera
pareille à l'avantage d'un négociant, qui,
par une puissance magique, connoîtroit les
dernières intentions des vendeurs ou des
acheteurs, sans être jamais obligé de découvrir les siennes à l'avance. Il feroit, à coup
sûr, avec ce talisman, la plus grande fortune.

Souvent, d'ailleurs, il n'est qu'un moment
pour terminer convenablement une négociation politique; car l'assentiment de la Puissance contractante peut dépendre de plusieurs
circonstances passagères, de plusieurs circonstances même, que la publicité seule de
la négociation commencée dénature absolument. Et quand on pense encore, que, par
un débat introduit au milieu d'une Assemblée nombreuse, que par la seule nécessité

de ce débat préalable, la fin d'une guerre
feroit peut-être retardée d'une année ; quand
on penfe qu'une paix indifpenfable pourroit
être éloignée, par les difcours fanfarons de
tous les quêteurs d'applaudiffemens, on fré-
mit d'un pareil danger, & l'on ne peut s'empêcher de croire, que les Anglois ont agi
fagement, en remettant au Chef de l'Etat le
pouvoir néceffaire pour traiter de la paix
d'une manière définitive, & pour conduire
à leur dernier période toutes les négociations politiques. Et peut-on douter que,
dans une Conftitution libre, la refponfabilité des Miniftres n'offre une fauve-garde
fuffifante contre leur trahifon, ou contre leur
mépris de l'opinion publique ? Il eft donc un
terme où, pour l'intérêt de l'Etat, pour
fon avantage évident, la défiance doit être
contenue ; mais ce point d'arrêt a prefque
toujours été manqué par nos Légiflateurs,
& il ne faut pas s'en étonner ; les hommes,
naturellement entraînés vers. les extrêmes,
le font bien davantage, lorfqu'ils ont, par-

deſſus tout, le deſir de plaire au peuple ; car
les idées de ſageſſe & de meſure échappent
communément à cette multitude flottante,
qui regarde avec diſtraction la marche des
hommes d'Etat, & dont on ne fixe l'attention, dont on ne gagne les ſuffrages, que par
des nouveautés colorées, & par des exagérations frappantes.

Je défendrois bien, cependant, la partie
de la Conſtitution, relative au droit de paix
& de guerre ; mais ce ſeroit, en rejetant
le blâme ſur la Conſtitution entière ; ce ſeroit en diſant, que, dans l'état de foibleſſe
& d'inconſidération où l'on a mis le Gouvernement, il ne pourroit, lors même qu'on
lui en laiſſeroit le droit, conclure aucun
Traité, ſans le concours de l'Aſſemblée Nationale. Il eſt de certaines proportions dans
l'édifice ſocial, comme dans les ouvrages
d'architecture, qui en exigent néceſſairement
d'autres ; & ſuppoſer qu'un Gouvernement,
ſans aucune influence au-dedans, eût le
moyen & le droit d'exciter ou d'appaiſer

au

au dehors les orages politiques, ce feroit une idée abfolument défordonnée.

Que l'on y prenne garde, la féparation des Pouvoirs, à quelque objet qu'on l'applique, ne peut jamais être l'effet d'une décifion arbitraire, confacrée fous l'un ou l'autre titre de l'Acte Conflitutionnel. Cette difpofition eft d'un ordre fi grand, par fa nature, qu'elle fera toujours, avec les lois, ou malgré les lois, le réfultat néceffaire de l'organifation générale du fyftême focial. Ainfi, fans m'aftreindre à lire l'article du Code politique, où les relations extérieures d'une Nation font déterminées, je faurois que, par tout où l'on a, comme en France, remis tant de pouvoir entre les mains du Peuple, c'eft lui qui directement, ou par fes Repréfentans, ou par fes Chefs de cabale, fera la guerre & la paix.

Sans doute, il importe à une Nation que fes vœux ayent une grande influence dans les déterminations de ce genre; mais l'empire de l'opinion eft fufceptible d'abus

comme tous les autres, & fon pouvoir aufli,
a befoin d'être foumis à des règles fages.
Rien n'eft fi difficile que de pofer habilement tant de barrières. La Conftitution
Angloife elle-même n'a pu fimplifier le droit
de guerre, puifqu'en le confiant au Monarque, elle s'eft réfervé la liberté d'accorder,
ou de refufer les fonds néceffaires à toute
efpèce d'entreprife extraordinaire. Ces deux
principes fe combattent évidemment, & ils
ne font mis en accord que par la preffion
fupérieure de l'opinion publique, & par
l'influence de l'harmonie, établie dans le
fyftême général du Gouvernement ; mais,
fous quelque forme que ce foit, il eft précieux,
pour un pays, que l'affentiment national foit
néceffaire aux projets de guerre ou à leur
exécution. Il peut arriver, fans doute, que
les Repréfentans du Peuple foient les premiers moteurs d'une agreffion politique,
& l'Angleterre en fournit plufieurs exemples ; mais le nombre de ces entreprifes,
décidées par le mouvement de l'opinion

publique, ne peut être mis en parallèle avec
le nombre des guerres, dûes au génie inquiet
& ambitieux des Gouvernemens, qui n'avoient
à compter avec perfonne ; & il fuffit d'ouvrir l'hiftoire, pour être convaincu de cette
vérité. Peut-être même que le premier bien-
fait d'une Conftitution fage, d'une Conftitution où les Repréfentans de la Nation
environnent le Monarque, c'eft la diminu-
tion, dans un tems donné, des querelles
politiques & des malheurs qui les accompagnent. On ne fauroit apprécier ce que
vaudroit pour l'humanité, une feule guerre
de moins dans un fiècle; mais dans ce vague
incalculable, on fent avec plaifir, qu'une
grande penfée morale a plus d'influence fur
le bonheur, que tous les développemens de
cette fcience politique, placée au premier
rang de nos richeffes fpirituelles, par tous
ceux qui habitent les moyennes régions de
la philofophie.

CHAPITRE XV.

Adminiſtration intérieure.

J'AI montré dans les Chapitres précédens que les moyens confiés au Pouvoir Exécutif étoient infiniment plus foibles en France qu'en Angleterre. Que feroit-ce, ſi, dans le même tems, les réſiſtances avoient été rendues beaucoup plus conſidérables ! L'on auroit ainſi altéré, dans les deux ſens, le principe de l'ordre & de la ſubordination.

Examinant cette queſtion, & certain d'avance du réſultat, je ferai d'abord obſerver, qu'en Angleterre, il n'y a qu'un ſeul Pouvoir Exécutif, & juſques à nos jours, on n'avoit jamais penſé que ce Pouvoir pût être conſtitué différemment ; ſoit qu'il fût remis, dans un Gouvernement Monarchique, entre les mains d'un Roi, ſoit qu'il fût

confié, dans une République, à un Corps
collectif, formant toujours une seule volonté,
déterminée par la majorité des suffrages.
Les Législateurs de la France se sont écartés visiblement de ce principe d'unité si
néceffaire à l'action du Gouvernement ; car
ils ont divisé réellement le Pouvoir Exécutif
entre tous les Conseils Provinciaux, qu'ils
ont établis, sous le nom de Départemens,
de Diftricts, de Municipalités, & ils ont
attaché ces Conseils à l'autorité du Prince,
par un lien si subtil & si caffant, s'il est
permis de s'exprimer ainsi, que la suprématie
du Monarque est purement nominale. ∖

Examinons d'abord la confistance particulière de cette série de Pouvoirs, diftribués
fur toute la surface du Royaume. Le premier, dans l'ordre de la Conftitution, s'appelle
le Département, & les Députés dont ce
Conseil est composé, de même que les Membres des Diftricts & des Municipalités, ne
doivent leur élection qu'au choix libre du
Peuple ; le Monarque n'y intervient d'aucune

manière, & son approbation formulaire n'eſt pas même requiſe; ainſi, dè, l'exiſtence de ces Députés en corps d'Adminiſtration, ils ſont avertis de leur indépendance de l'autorité Royale; & comme ils compoſent, dans l'exercice de leurs fonctions, un être collectif, cette qualité abſtraite les rend moins acceſſibles à l'empire de l'imagination, & à cette impreſſion de reſpect, qu'impoſoit autrefois la Majeſté du Trône. Enfin, ils ſont informés que le Monarque ne tient plus en ſes mains aucune récompenſe; & les papiers de nouvelles les inſtruiſent du genre de familiarité, dont il eſt loiſible à chacun d'uſer avec le Gouvernement. En même tems, ils ont été rendus dépoſitaires abſolus des fonctions les plus importantes; ils font la répartition dès impôts directs, ils en dirigent le recouvrement, ils jugent les plaintes des contribuables, ils décident des ſoulagemens individuels qui leur ſont dûs, ils nomment les Tréſoriers & les Receveurs, & les tiennent ſous leurs ordres; ils règlent les dépenses de leur Administration, ils en touchent les fonds sur une caisse, dont ils ont seuls la gestion, & c'est de la même manière qu'ils reçoivent les appointemens dévolus à leurs places. Ils ont la surintendance des chemins, des édifices publics, des hôpitaux, des prisons; ils ordonnent toutes les dispositions extraordinaires qui s'effectuent dans l'étendue de leur ressort; enfin, ils réunissent à eux la grande police; ils l'exercent, ou directement ou indirectement, par la médiation des autorités qui leur sont subordonnées; & à l'appui de tous leurs commandemens, ils peuvent requérir l'assistance d'une Gendarmerie, dont ils ont la nomination, & provoquer encore, s'il le faut, le déployement de toutes les forces armées.

Voyons maintenant le lien qui suspend leur puissance à celle du Monarque : une loi qui a déclaré le Roi Chef suprême de l'Administration; une loi qui a dit des Départemens & des Districts, qu'ils exerceroient

leurs fonctions, fous la furveillance & l'autorité du Monarque ; une loi qui donne au
Roi le pouvoir d'annuler par une Proclamation, les actes de leur adminiftration, contraires aux Décrets Légiflatifs & à fes ordres ;
toujours une loi, mais qu'eft-ce qu'une loi,
fans la réunion de tous les moyens qui affurent l'obéiffance ? Qu'eft-ce qu'une loi, fi
on ne la place pas au milieu d'un fyftême
général de fubordination, où toutes les
proportions font obfervées, & où les forces
réelles & les forces morales, combinées
avec fageffe, concourent à un même but ?
Enfin, qu'eft-ce qu'une loi, & que peut-on
attendre de fon empire abftrait, fi l'on
néglige d'inveftir celui qui doit la faire
obferver, de toutes les prérogatives & de
toutes les décorations propres à relever la
dignité de fon rang, & à rappeller habituellement fon autorité & fa puiffance ?

Il n'eft aucune loi dont le caractère foit
plus impofant que les dix commandemens
confacrés par une opinion religieufe ; &

cependant la fubordination des enfans envers leurs pères feroit mal affurée, fi tout ce qui frappe leurs regards, fi tout ce qui faifit leur imagination, fi tout ce qui parle à leur raifon, ne leur repréfentoit pas, de diverfes manières, la fupériorité de leurs parens, & le befoin qu'ils ont de plaire à ceux qui peuvent les récompenfer ou les punir.

Enfin, fi en fouftrayant les autorités Provinciales à la direction efficace du Monarque, on les avoit conftituées de telle manière, on les avoit foumifes entr'elles à un tel fyftême d'ordre & d'équilibre, que l'action régulière de l'Adminiftration eût été maintenue, on eût pu juftifier la dégradation de la fuprématie Royale, en montrant par l'expérience qu'on n'en avoit retranché que le fuperflu; mais, entre ces diverfes autorités établies dans l'intérieur du Royaume, il exifte une infubordination qui les affoiblit toutes, & cette infubordination eft l'effet inévitable de leur organifation. Ce font

des égaux par leur éducation, des égaux
par leur état, des égaux par leur fortune,
des égaux par la durée de leur Adminiftration, enfin des égaux en tout genre,
qui, fur le dire feul de la loi, doivent
s'entr'obéir, fe commander tour-à-tour,
felon la chance des fcrutins. Et comme
nos Legiflateurs, dans la combinaifon de
leur fyftême politique, ont toujours négligé
le moral de l'autorité, ce moral qui fert à
compenfer la puiffance du nombre, il fe
trouve que, dans la férie des commandemens, la force de réfiftance va toujours
en croiffant. L'Affemblée conftituante a bien
ordonné à quatre millions deux à trois
cents mille Gardes Nationales, armées de
toutes pièces, d'obéir aux Officiers Municipaux, revêtus de leur côté d'une écharpe
à trois couleurs; elle a bien commandé à
ces Officiers la même foumiffion envers les
Diftricts; & pareille configne a été donnée à
ces derniers, envers les quatre-vingt-trois Départemens, qui doivent, à leur tour, recevoir

le mot du guet, ou prendre l'ordre du chef
suprême de l'Administration; mais nul intérêt personnel, nulle gradation de crainte &
d'espérances, n'entretient cette subordination;
& nul Pouvoir dominant, nulle autorité
imposante ne maintient, par son ascendant,
toute cette discipline. L'on a bien réservé
au Roi, la faculté de suspendre momentanément les Directoires de Département; mais
il faut auparavant que d'autres Administrateurs veuillent prendre leurs places, & qu'ils
le veuillent avec l'incertitude du jugement
de l'Assemblée Nationale, désignée Tribunal
d'appel de l'action administrative du Monarque, & devant lequel le Ministre respon-
sable sera tenu de comparoître. Hélas! le
pauvre Ministre se gardera bien de courir
le hasard de cette querelle, & à moins d'une
insurrection bien notoire & bien scandaleuse,
il ne se fâchera de rien, ne fût-ce que
pour cacher, de son mieux, l'indifférence de
tout le monde à son mécontentement. C'est
véritablement une sorte de plaisanterie, que

d'avoir placé, dans l'Ordonnance générale de l'Adminiſtration, d'un côté cette forte & noueuſe contexture de Départemens, de Diſtricts, de Municipalités & de Gardes Nationales, & de l'autre, à titre de Pouvoir ſuprême, un Prince ſans prérogatives, un Monarque ſans Majeſté, & repréſenté, dans ſes volontés obligées, par des Miniſtres qui craignent tout, & qui ne peuvent faire ni bien ni mal à perſonne; par des Miniſtres ſur qui chacun fait ſon noviciat d'héroïſme en ſe permettant de parler d'eux très-légèrement, & de degrés en degrés, très-inſolemment; par des Miniſtres en faveur deſquels on a compoſé un Code pénal tout exprès, en décrivant avec mignardiſe les divers modes de châtiment qu'on peut leur infliger, tantôt la priſon, tantôt les fers, tantôt la gêne, tantôt la dégradation civique, précédée, je crois, du pilori, & pour leſquels on réſerve encore, en habitude, un petit dédain continuel. Ce ſont eux, cependant, qui, dévoués un à un aux cenſures les plus dériſoires,

doivent, féparément, & jamais d'une manière collective, agir comme les Chefs fu-
prêmes de cette réunion formidable de
Corps fubordonnés, dont la force de réfiftance en auroit impofé à Louis XIV, après
foixante ans de règne & de gloire. Quelle
oppofition ! Quel contrafte ! & fût-il jamais
en Légiflation politique un plus grand défaut d'équilibre ! L'Affemblée Nationale fera
contrainte à venir fans ceffe au fecours de
l'Adminiftration ; &, par cette néceffité, la
confidération du Gouvernement s'affoiblira de
plus en plus.

Ici, pourtant, j'entends dire à des Écri-
vains, à des Orateurs, à des Miniftres
même : on peut faire la critique de la Conftitution tant qu'on voudra, tout iroit bien,
tout iroit à merveille, fi l'on vouloit feulement obéir à cette Conftitution. Vous avez
parfaitement raifon ; mais de grands Politiques comme vous, Meffieurs, devroient
favoir que fi l'obéiffance eft le foutien
d'une ordonnance fociale, la volonté, la

nécessité d'obéir, doivent être l'effet de cette organisation. L'obéissance est un moyen, l'obligation d'obéir est un résultat. Réfléchissez, si vous le voulez bien, à cette distinction. Et s'il faut m'expliquer encore plus clairement, je dirai qu'un jeune homme, au sortir du collége, feroit un bon système de Gouvernement, un système, au milieu duquel on se plairoit à vivre, si l'on garantissoit seulement la soumission aux lois qui émaneroient des principes de morale de l'enfant Législateur. C'est dans la formation de l'obéissance, c'est dans la combinaison des moyens nécessaires pour assurer la subordination générale, sans despotisme & sans tyrannie, que reposent toute la science politique & toute la difficulté de l'ordonnance sociale. Ainsi, lorsque, pour justifier l'épithète de sublime, si ridiculement accordée à la Constitution Françoise, on entend dire & répéter, aux Augustes Représentans de la Nation, qu'avec de l'obéissance, cette Constitution feroit parfaite, les Augustes Repré-

ſentans de la Nation diſent & répètent une
véritable niaiſerie.

J'aurois pu compter , parmi les réſiſtances auxquelles l'action du Gouvernement ſe
trouve aujourd'hui ſoumiſe , cette multitude
d'autorités éparſes dans le Royaume , autorités qui ne ſont pas établies par la Conſtitution , mais qui dérivent de ſon imperfection. Chacun connoît ces Clubs, devenus
ſi célèbres , & par leur affiliation étendue ,
& par leur biſarre intervention dans les
affaires publiques. Nos premiers Légiſlateurs
ont voulu réprimer l'influence d'une ſociété,
qui commençoit à les incommoder ; mais
ils l'ont voulu trop tard , & l'on ne gardera
le ſouvenir que de la longue aſſociation des
principaux d'entr'eux à une dictature qu'ils
avoient eux-mêmes créée.

Que l'on joigne encore à ce tableau ſans
modèle , à cet amas confus de tant d'autorités , l'uſage immodéré des Pétitions, au milieu d'un Peuple raiſonneur, familier , & tout
compoſé maintenant de pareils & de cama-

rades ; qu'on y joigne la liberté de la preſſe,
contenue par un ſeul article de loi, auquel on peut ſe ſouſtraire de tant de manières ; la liberté encore de faire parler les
murailles, en les rempliſſant de placards de
tout genre, les uns dans les limites tolérées,
les autres avec toutes les extenſions inévi-
tables, au milieu des craintes habituelles de
la Police. Que l'on y joigne encore le relâchement des mœurs, & cet affranchiſſement
de tous les genres d'égards, ſuite naturelle
d'une égalité ſyſtématique ; & l'on verra que
tant de libertés, réunies à l'indépendance
politique, introduite par la Conſtitution, doivent oppoſer une continuelle réſiſtance à l'é-
tabliſſement de l'ordre, & à l'exercice régulier de l'autorité ſuprême.

Enfin, & cette dernière réflexion me ſemble déſeſpérante, il eſt telle autorité irrégu-
lière, élevée au milieu de nous, il eſt telle
autorité dont on ſe plaint avec juſte raiſon,
qui peut-être eſt devenue néceſſaire à une
Conſtitution ſans reſſort ; il faut à un tel genre

de

de Gouvernement une paſſion pour le ſoutenir ; & ſi cette paſſion vient à ſe calmer, on verra la Conſtitution Françoiſe tomber en défaillance, comme un Corps languiſſant, après le terme de ſa fièvre.

Je dois, maintenant, rapprocher de l'état actuel de l'Adminiſtration, en France, les inſtituts d'une Nation, qui, malgré ſon amour ardent pour la liberté, & deux fois, depuis un ſiècle, maîtreſſe d'impoſer des conditions à une nouvelle dynaſtie de Rois, qu'elle attiroit du Continent dans ſon Iſle, n'a jamais perdu de vue l'importance de cette harmonie civile & politique, qui aſſure la tranquillité de l'Etat, & donne aux lois la force néceſſaire, pour garantir à tous les citoyens le bonheur qu'ils ont cherché dans leur union ſociale.

Je l'ai déjà dit : il n'y a qu'un ſeul Pouvoir Exécutif en Angleterre, & cette unité n'eſt pas ſeulement déterminée, comme en France, par quelques phraſes légiſlatives ; on a pris ſoin, en réglant l'exercice de ce

Pouvoir, de maintenir attentivement un
principe, dont l'importance étoit univerfel-
lement reconnue. Les lois, une fois confacrées avec la maturité & la fageffe qu'on doit
naturellement attendre de la réunion de trois
volontés, le foin d'exécuter les unes, le
foin de faire obferver les autres, font confiés au Chef de l'Etat, & nul partage de
cette partie de fon autorité n'eft établi par
la Conftitution; nulle réfiftance n'eft préparée par elle. Eft - il queftion de l'affiéte &
du recouvrement des impôts, ces grandes
branches de l'Adminiftration publique, ce
n'eft point par la médiation d'une longue
chaine de Confeils collectifs & délibérans,
de Confeils fur-tout élus par le Peuple, que
le Roi s'acquitte de fes fonctions. Un Bureau
de Tréforerie, inftitué par le Monarque, &
dont tous les Membres nommés par lui, fort
révocables à fa volonté, conduit, avec fon
approbation tacite ou formelle, toutes les
parties d'exécution relatives aux finances. Un
Prince ne peut pas tout faire par lui-même;

mais toutes les fois qu'il choisit ou gradue, selon sa volonté, les intermédiaires dont il se sert pour remplir les devoirs de la Royauté, le Pouvoir Exécutif est conservé dans son unité.

Les Commiffaires qui doivent affeoir l'impôt fur les terres, les Commiffaires qui doivent diriger le recouvrement des droits de Douane, des droits d'Accife, & de tous les impôts indirects, font choifis par le Bureau de Tréforerie; & la nomination des Receveurs, des Tréforiers & de tous les Commis fubalternes, dépend également de fon autorité. Les refus oppofés au payement des contributions légales, & les difficultés contentieufes auxquelles leur recouvrement peut donner naiffance, ont pour arbitres, les Juges de Paix en première inflance, & ces Juges font à la nomination Royale; l'appel eft porté au Tribunal de l'Echiquier, dont les Membres inamovibles ont dû leur inftallation à l'opinion publique, & à la préférence du Gouvernement; enfin ce font les Shérifs,

Officiers publics au choix du Roi, qui font chargés, par le Bureau de la Tréforerie, de faire exécuter les jugemens. Ainfi, l'autorité du Monarque apparoît d'une manière plus ou moins directe, dans tous les détails de la partie principale de l'Adminiftration publique, la levée des contributions établies fur le Royaume.

On eft ramené de même à cette autorité, par les difpofitions adoptées en Angleterre, pour le maintien de l'ordre public; puifque les fonctions de Police font confiées aux Juges de paix, & que ces Juges, comme je l'ai déjà dit, font choifis & mis en activité par le Gouvernement. Les Conftables, fortes d'Officiers de Police inférieurs, font nommés par eux. Enfin, les grands Juges du Royaume, ceux qui dirigent les Jurés, ceux qui ouvrent le Livre de la loi après les jugemens criminels, font tous à la nomination du Monarque.

Il y a de plus, dans chaque Comté, un Lord-Lieutenant, inftitué par le Prince &

recevant de lui ſes Pouvoirs ; il doit commander les milices, lorſqu'elles ſont raſſem-
blées , & veiller ſur leur organiſation ſégu-
lière. Les Officiers de ce Corps , deſtiné au
maintien de la ſûreté intérieure, doivent avoir
une meſure de propriété , fixée en raiſon
de leur grade, depuis cinquante louis de revenu juſques à quatre cent ; & le Roi d'Angleterre choiſit tous les principaux, ſoit par
une nomination formelle , ſoit par l'approbation qu'il accorde aux déſignations du Lord-
Lieutenant.

Enfin, on ne voit point en Angleterre un
Corps Municipal dans chaque village , un
Corps délibérant & voulant, ſans avoir aucune
des connoiſſances néceſſaires pour s'unir avec
harmonie à l'adminiſtration générale. C'eſt-là
cependant ce qu'on a conçu pour la France,
où l'on remarque aujourd'hui quarante-
quatre mille conciliabules, avec tout l'attirail de l'autorité Municipale , & qui forment
autant d'anneaux de la vaſte chaîne du Gouvernement.

V iij

Les Villes & les Bourgs d'Angleterre ont
feuls des Officiers Municipaux , & ces Officiers font nommés par le Peuple ; mais leurs
devoirs, renfermés dans les bornes que j'ai
déjà défignées, font diftincts des fonctions de
Police attribuées aux Juges de Paix , & ce
font ces derniers Magiftrats ; & non les Officiers Municipaux , qui , dans les attroupe-
mens féditieux , provoquent l'affiftance de la
force armée , & qui avertiffent le Peuple ,
par la lecture du *Riot Bill* , du danger auquel l'exercice des rigueurs de la loi va
l'expofer. Ces Juges de Paix, toujours choifis
parmi les citoyens les plus eftimés , font
en très - grand nombre dans chaque Canton , & l'on n'eft pas réduit , comme en
France , à confier le maintien de l'ordre
dans les campagnes à des Municipaux de
Village , obligés encore à céder leurs places
à d'autres , après deux ans de règne ou d'ap-
prentiffage.

Les explications abrégées , que je viens
de donner , fuffifent pour faire connoître

combien on a rendu plus facile en Angleterre, l'action du Pouvoir Exécutif ; & cependant tel est le frein imposé par les lois à
toutes les autorités, que, malgré les secours
accordés au Gouvernement, il ne parvient
qu'imparfaitement au maintien de l'ordre
public. Sa tâche seroit encore plus pénible,
& le succès plus traversé, si le Peuple Anglois n'étoit pas aussi heureux qu'il l'est, &
si plusieurs contradictions, plusieurs moyens
de résistance, dont nous faisons l'épreuve,
existoient en Angleterre de la même manière.

Remarquons, par exemple, qu'en Angleterre, les armes des miliciens sont déposées
sous la garde d'un Officier principal, dans
chaque Canton, & que tous les particuliers,
pour obtenir la licence d'avoir un fusil chez
eux, sont obligés de payer une guinée par
an.

La liberté de la presse, soit par le sens
de la loi, soit par la vigilance des gardiens
de l'ordre public, soit par l'empire des

mœurs & de l'opinion publique, eſt contenue en des bornes qui préviennent les funeſtes excès, dont nous ſommes les témoins.

L'idée auſſi d'une communication journalière de tous les bons & les mauvais eſprits, avec les dernièies claſſes du Peuple, par des placards affichés dans les rues ; cette idée, auſſi biſarre que dangéreuſe, n'a point encore été apportée en Angleterre, ni dans aucun pays policé, & très - probablement elle y ſeroit mal accueillie. Mais, dans notre nouveau ſyſtême politique, on a poſé pour principe, on a mis en maxime, que même cette partie du Peuple, dénuée d'inſtruction, & condamnée, par ſon indigence, à n'en jamais acquérir, pouvoit également tout entendre, & qu'elle avoit la faculté de diſcerner la vérité des menſonges les mieux colorés, cette faculté que les hommes d'un état ſupérieur ont ſi rarement. Indigne & lâche flatterie, qui ſurpaſſe en baſſeſſe toutes celles des courtiſans ! On verra, même après l'établiſſement des écoles primaires, qu'il eſt plus aiſé d'égarer ce Peuple , par une phraſe incendiaire, qu'il n'eſt au pouvoir de la parole de le ramener au bon chemin , ou par des adreſſes raiſonneuſes du Corps Légiſlatif, ou par des homélies Miniſtérielles.

Enfin, l'on ne connoît pas non plus, en Angleterre, l'uſage immodéré des Pétitions, ni la domination violente des ſociétés républicaines ; on y penſe, avec raiſon, que la liberté eſt, de toutes les idées morales, celle dont l'échelle de graduation eſt la plus étendue, & que, ſelon le point où l'on ſe fixe, on ſe rend heureux ou malheureux.

CHAPITRE XVI.

Force Militaire.

Dans la marche tracée par mon sujet, j'ai recueilli continuellement de nouvelles preuves, de la vérité que j'avois à développer ; mais en ce moment, c'est une objection qui se présente à moi, & je dois chercher à la résoudre.

Le Royaume de France, par l'effet de sa situation centrale & méditerranée, se trouve dans la nécessité d'entretenir une armée de ligne beaucoup plus considérable que l'Angleterre ; & le Monarque pouvant abuser d'une force militaire, dont la Constitution l'a déclaré le Chef, n'étoit-il pas de la sagesse des Législateurs de contrebalancer ce danger inévitable, en affoiblissant toutes les autres branches du Pouvoir Exécutif ?

Voilà, je crois, dans sa plus grande simpli-

cité, le doute qu'il eſt néceſſaire d'éclaircir ;
& pour y parvenir, je dois d'abord rappeler
un petit nombre d'idées premières.

Les hommes, en formant un paĉte
ſocial, n'ont pas eu, pour but, d'atteindre
à un ſyſtême de liberté, non - ſeulement
complet dans toutes ſes parties, mais encore
à l'abri de toute eſpèce de chance imagina-
ble ; car, ſi leur ambition n'avoit pas eu
d'autre terme, ſi ce but avoit été l'unique
objet de leurs vœux, ils ſeroient reſtés, ce
qu'ils étoient originairement, des hordes de
ſauvages, n'ayant des chefs que par intervalle,
& s'affranchiſſant, à leur gré, de cette autorité paſſagère. Mais à meſure que l'on apperçut les différens biens, promis par le travail
& par l'exercice des facultés ſpirituelles de
l'homme, & à meſure, ſur-tout, qu'on en
fit la douce épreuve, le deſir de conſerver
le fruit de ſes peines, donna l'idée des lois
de juſtice ; & bientôt, pour maintenir ces
lois contre les attaques des intérêts perſonnels & des paſſions hoſtiles, on ſentit le

befoin d'une force politique , d'une force,
qui , dépofée en des mains éclairées , fervit
à garantir les conventions fociales , & à faire
jouir tous les citoyens d'une fécurité, devenue néceffairement un de leurs vœux les
plus chers , depuis leur nouvelle fortune &
leurs nouvelles idées. Sans doute, en fe ref-
fouvenant de leur première indépendance ,
& en fe rappelant encore les diverfes fatif-
factions qui l'accompagnoient , ils cherchè-
rent , avec inquiétude , à limiter les facrifices
de leur liberté , & à les proportionner exactement aux degrés de précautions qu'exigeoient le maintien de l'ordre & la défenfe
de l'Etat. Les ufurpations , les conquêtes , les
abus de tout genre , & la complication que
le temps apporte aux combinaifons des hommes , ont obfcurci fouvent les premiers principes de leur union fociale ; mais ces idées
n'ont point effuyé de variation , & on les
retrouve dans leur fimplicité originelle , lorfque les circonftances permettent aux Nations
de les étudier de nouveau , ou lorfqu'appe-

lées à reconftruire l'édifice chancelant de leur bonheur, elles cherchent un point fixe, qui puiffe fervir d'amarre à leurs penfées errantes, & à leurs fpéculations incertaines.

Il réfulteroit, cependant, de ces réflexions, que le facrifice abfolu de l'ordre à la liberté, devroit être confidéré comme un dérangement dans la férie naturelle des idées fociales. Ce feroit, en quelque manière, faire rétrograder l'efprit humain, & le ramener infenfiblement à l'état fauvage, par les mêmes routes qu'il a traverfées pour arriver à la civilifation.

Obfervons encore, que l'état fauvage, au milieu de la fociété même, cet état repréfenté par l'anarchie, eft la plus infortunée de toutes les conditions. La rudeffe, la férocité, ne peuvent être adoucies dans leurs effets, que par l'éloignement où les hommes vivent les uns des autres ; mais lorfqu'ils fe rapprochent, lorfqu'ils fe touchent, & qu'ils laiffent croître en même temps, & leurs ongles & leurs griffes, cette fituation devient affreufe, & l'ifolement des individus & des familles, au milieu des forêts, eft de beaucoup préférable.

Tout nous invite donc à penfer, que l'ordre public, cette idée tutélaire, cette idée confervatrice du monde moral, eft la condition première de toutes les inftitutions fociales. Ce principe doit refter inaltérable au milieu des combinaifons des Légiflateurs ; mais on attend de leur fcience, qu'ils aient l'art de le concilier avec tous les autres biens dont les hommes ont le defir, ou dont ils connoiffent le prix.

Sans doute, parmi ces biens, la liberté fe montre au premier rang, mais elle a plus befoin, qu'aucune autre de nos jouiffances, d'être unie aux idées d'ordre & de fubordination, puifqu'au milieu d'une fociété, fans difcipline, on voit naître de toutes parts les autorités les plus tyranniques.

On ne doit pas fe le diffimuler, cette union de la liberté avec l'ordre public, ne fera jamais parfaitement cimentée, que dans les pays difpenfés, par leur fituation, ou par leur petiteffe , d'entretenir habituellement une Armée de ligne; puifque cette Armée eft une force mobile, dont la direction peut déranger l'équilibre , établi par les Légiflateurs. Mais, de toutes les imaginations politiques, la plus inconfidérée c'eft de vouloir balancer les inconvéniens, ou l'abus poffible d'une pareille force, en privant le Pouvoir Exécutif des moyens néceffaires, & pour entretenir l'ordre intérieur, & pour garantir la fécurité publique, & pour veiller efficacement au maintien de la liberté même. On fe feroit de cette manière un mal certain, un mal de tous les jours, pour fe préferver d'un danger problématique, & qu'on peut écarter avec plus de fageffe, par des moyens différens. Ainfi, d'après un tel fyftême de précaution, fi nous étions les ordonnateurs du monde , nous modifierions les élémens, nous altérerions leur falubre influence & leur action féconde, pour éviter que les vapeurs de la Terre, en s'élevant dans les airs, n'y préparaffent quelquefois des intonations effrayantes.

N'eft-ce pas une précaution très-réelle, contre le danger des Troupes de ligne, que la refponfabilité des Miniftres, & des divers Agens du Pouvoir Exécutif ? N'eft-ce pas une autre précaution très-réelle, contre ce danger, que l'obligation Conftitutionnelle, impofée à tous les Commandans militaires, de ne jamais employer la force armée dans l'intérieur du Royaume, fans la réquifition des Officiers civils ? N'eft-ce pas enfin une précaution très-efficace contre les entreprifes ambitieufes du Chef de l'Etat, que cette loi fondamentale, en vertu de laquelle aucune levée de deniers ne peut être faite, fans le confentement des Repréfentans de la Nation? & fi l'autorifation néceffaire pour recueillir les impôts, au lieu d'être renouvellée à chaque Seffion de Légiflature, étoit d'obligation chaque année ; fi cette autorifation étoit accompagnée d'une folemnité marquante ; fi la formule annonçoit que la con-

fiance

fiance, dans les Pouvoirs Conftitutionnels, subfifte en son entier, cette précaution de plus n'auroit point contrarié l'ordre public. Il ne fut réfulté de même aucun inconvénient de l'admiffion en France, du Statut Confti-tutionnel de l'Angleterre, qui oblige à va-litder tous les ans, par un Décret Légiflatif, connu fous le nom de *Mutiny Bill*, l'autôrité des Cours martiales, & les lois de difcipline de l'Armée. Enfin, j'irai plus loin, & je dirai, que si les prérogatives néceffaires à l'action civile du Pouvoir Exécutif, devoient être facrifiées aux défiances, qu'infpireroit l'exiftence d'une grande Armée de ligne, il vaudroit mieux réduire l'étendue de cette Armée ; car, avec une Milice Nationale, on y fuppléeroit, & avec une conduite fage envers les Puiffances étrangères, un Royaume, tel que la France, ne verroit pas fon repos troublé par leurs entreprifes ; mais rien ne peut remplacer, dans l'intérieur d'un vafte pays, la deftruction ou l'extrême affoibliffement du Pouvoir, qui doit protéger les propriétés, assurer la tranquillité de tous les citoyens, & veiller sans relâche au maintien de l'ordre public.

Qu'il me soit permis maintenant, de mettre en doute, si, même en écartant absolument ces importantes considérations, & en fixant uniquement l'intérêt sur la liberté, il seroit politique de contrebalancer, en France, la nécessité d'une Armée de ligne, en dégradant à la fois le Pouvoir Exécutif & la Majesté Royale. Que l'on fasse attention à la Constitution singulière d'une Armée soumise au joug de la discipline, à cette Constitution, en si grand contraste avec les principes d'un Gouvernement philosophique; on verra d'abord, que tout le secret des forces militaires tient à l'unité & à la rapidité de leur action, & ces deux conditions ne peuvent être remplies que par l'obéissance absolue à la plus impérieuse des volontés. On doit être sûr encore, que les soldats auront constamment une sorte d'admiration pour cette organisation, qui soumet

à une feule volonté une action fans égale.
Ils aiment, de plus, à fe rappeler l'empire
de la force, parce que cet empire eft leur
ouvrage ; au lieu qu'ils fe trouveront toujours dans une forte de gêne, lorfqu'ils
voudront rallier leurs fentimens d'habitude
avec l'indépendance des opinions civiques.
Comment voudroit - on les foumettre dans
les Clubs, à des idées mixtes & compofées,
& dans les Camps, à l'idée la plus fimple,
dont les hommes aient jamais eu la conception ? Les Romains, à la vérité, raifonneurs
au *forum*, étoient en même temps les plus
exacts obfervateurs de la difcipline militaire ;
mais avant de partir pour la guerre, ils
prenoient l'engagement folemnel d'obéir fans
réferve à leur Général, & l'on connoît l'impreffion profonde que faifoit fur eux la
religion du ferment. D'ailleurs, les fentimens
politiques des Romains n'avoient aucun rapport avec les nôtres, & avec ces maximes
enfeignées dans les Clubs de Paris & des
Provinces. Cette Nation, fi renommée dans

l'hiſtoire, étoit apparemment trop près encore de la création du monde, pour avoir
pu connoître le grand principe de l'égalité
abſolue, & ſon utilité au milieu d'un vaſte
Empire.

Je dirai donc, en me rapprochant davantage de mon ſujet, que l'on pourra bien,
pendant un temps, attirer les ſoldats au
milieu des Sociétés politiques ; on pourra
bien leur faire partager, momentanément,
l'ardeur des paſſions dominantes ; mais lorſque ces paſſions s'amortiront, & lorſque
tous les hommes reprendront l'eſprit de leur
ſituation, ou, l'on n'aura point d'Armée en
parité de force avec les Troupes étrangères, ou, cette Armée ſera remiſe ſous les
lois de la diſcipline ; & cette organiſation,
qui préſente continuellement aux ſoldats les
idées de rang & de primauté, ramènera tôt
ou tard leurs regards, vers la plus reſplen-
diſſante des autorités. L'état d'obéiſſance,
lorſque la ſoumiſſion ne peut être ni raiſonnée, ni raiſonneuſe, cet état n'eſt adouci;

pour la généralité des hommes, que par la
haute élévation de celui qui les commande.
Il y aura donc toujours des rapports, &
comme une affinité fecrète entre l'efprit de
l'Armée, & l'autorité fuprême d'un Roi ; &
ce n'eft pas en dépouillant le Monarque de
tous les apanages du Trône, que l'on dé-
tournera fa penfée du feul moyen dont il
pourroit un jour faire ufage, pour fe relever de fa fituation. Loin donc, que la néceffité d'une grande force militaire préfente un
motif plaufible, pour circonfcrire, avec rigueur, les prérogatives civiles du Monarque,
cette néceffité même devroit confeiller une
marche abfolument contraire ; car l'exiftence
d'une nombreufe Armée de ligne, & le mécontentement habituel de l'un des Pouvoirs
dont le Gouvernement eft compofé, iront
toujours mal enfemble, n'exifteront jamais
fans danger. Il falloit donc prévenir l'une
de ces circonftances, lorfqu'on ne pouvoit
pas écarter l'autre ; & j'ai montré, par l'exemple de l'Angleterre, que le bien de l'Etat,

la liberté publique & le bonheur général
n'exigeoient point que l'on altérât, comme
on l'a fait, la dignité, les droits & les prérogatives du Trône. C'est pour avoir méconnu cette vérité, c'est pour avoir suivi des
principes absolument opposés, que l'Assemblée Nationale a créé, pour ainsi dire, elle-
même ses craintes, & s'est engagée volontairement dans un système de précautions,
auquel, de degrés en degrés, elle s'est vue
dans la nécessité de faire chaque jour de nouveaux sacrifices.

Ce n'est pas avec des chaines, ourdies par
la défiance, que l'on peut maintenir tous
les Pouvoirs dans leurs limites constitutionnelles; ou bien, il faudroit croiser, entre-
lasser toutes ces chaînes de tant de manières, autour des différentes autorités, que le
mouvement de l'Administration seroit constamment arrêté. On n'a jamais voulu faire
usage du lien du bonheur, ce lien si doux,
si flexible, qui, sans nuire à l'action universelle, retient chacun à sa place. Les Anglois,

cependant, nous avoient donné l'idée d'une pareille contexture de Gouvernement ; la politique, autant qu'un fentiment moral, leur avoit fait un devoir de ces combinaifons fages, qui ont rendu le Monarque, la Nation & fes Repréfentans, également contens de leurs droits, de leurs fonctions & de leurs priviléges. Admirable harmonie, qui cache & attefte à la fois toute la fcience du Légiflateur !

Une réflexion bien fimple auroit dû fe préfenter à l'efprit des fondateurs de la Conftitution Françoife. L'opinion publique avoit acquis, dès long-temps, une telle force, que, fous l'ancien. Gouvernemens, elle réfifloit elle feule à tous les excès de l'autorité. Comment donc auroit-on pu concevoir aucune inquiétude raifonnable fur les entreprifes du Monarque, fi l'on avoit joint à cette force d'opinion toutes les précautions politiques, qui n'auroient point contrarié l'action du Gouvernement ? La Nation entière, & fans contrainte, fans hypocrifie, eut fervi de

X iv

rempart à une liberté, qui n'auroit point exigé le facrifice de l'ordre public ; & les hommages de l'Europe, l'approbation univerfelle, euffent formé comme une feconde enceinte autour de notre bonheur.

CHAPITRE XVII.

Du Pouvoir Exécutif, dans ses rapports avec la liberté.

Aucune Nation ne s'est montrée plus constamment jalouse de sa liberté que les Anglois, & ce n'est pas en eux une nouvelle passion ; ils ont combattu pour elle, lorsque les autres Nations de l'Europe ne songeoient pas seulement à la considérer comme un bien ; & leurs succès, dans cette noble ambition, sont consacrés par l'histoire. Les efforts, les triomphes du despotisme, leur ont appris à connoître les appuis dont ils avoient besoin, pour conserver, avec sûreté, les droits qui leur étoient disputés ; & les révolutions qui ont rempli l'intervalle entre la grande Charte, les Statuts d'Edouard, & la loi d'*Habeas Corpus*, n'ont servi qu'à les instruire davantage dans la science de la liberté. Il leur manquoit encore d'avoir eu l'occasion & la possibilité de considérer, dans un temps calme, & pour ainsi dire, à part eux, les dernières imperfections de leur Gouvernement : cette favorable circonstance leur fut présentée après la fuite de Jacques II. Les Représentans de la Nation, avant d'élever un nouveau Roi sur le Trône, firent, en quelque manière, le recensement de la Constitution ; & le Bill des Droits, cet Acte célèbre de la Révolution de 1688, devint le complément de la liberté Angloise. Enfin, comme si ce n'étoit pas encore assez, pour la fortune politique de cette Nation, d'avoir pu appliquer les observations d'une suite de siècles & les leçons de leur propre histoire, à la combinaison harmonieuse de tous les Pouvoirs, une circonstance particulière vint encore donner aux Anglois un moyen d'examiner, avec réflexion, si rien n'avoit échappé à leur attentive inquiétude ; & après douze ans d'expérience, ils firent encore une sorte de révision de leur Ouvrage.

La Reine Marie étoit morte fans laiffer d'enfans, & la Princeffe Anne venoit de perdre
fon dernier fils. Les Anglois s'occupèrent
alors de régler les droits de fucceffion à la
Couronne; ils profitèrent de cette occafion,
pour ajouter à la Convention de 1688 quelques claufes favorables à la liberté Nationale; & l'Acte folemnel en fut paffé l'année 1701, époque mémorable dans les
Annales Parlementaires. Les Anglois, depuis cette époque, fe font crus heureux de
tout le bonheur que la liberté peut procurer, & jamais ils n'ont parlé de leur Gouvernement, fans témoigner, par quelque
épithète, le fentiment dont ils font pénétrés.
Our happy Conftitution, eft leur phrafe habituelle, leur expreffion familière, non-feulement au milieu des Repréfentans du Peuple,
mais au fond des Provinces, aux extrémités
du Royaume, dans les Villes & dans les
campagnes. C'eft cependant à cette Nation,
éclairée par tant d'événemens, & dont la vigueur conftitutionnelle s'eft fortifiée, comme

les hauts chênes, par le fouffle des vents
& le battement des tempêtes ; c'eſt à elle
que nos politiques d'un jour, nos froids
théoriciens, & nos tumultueux Légiſlateurs,
voudroient tranſmettre, en remplacement de
ſes vieilles & mûres penſées, leurs hâtives
& récentes innovations. Ah ! que le Ciel
préſerve à jamais cette Nation d'un pareil
échange ! ce feroit un crime à mes yeux,
d'en concevoir feulement le deſſein. Reſpec-
tez ce berceau de la liberté, vous, les ardens
propagateurs de nos nouveautés encore mal
éprouvées ; refpectez ce pays où elle prit
naiſſance, ce pays, deſtiné, peut-être, à
reſter ſon unique afyle, fi jamais vos exagérations l'éloignent du milieu de nous. Et
vous, généreuſe Nation, vous, notre première inſtitutrice dans la ſcience & l'amour
de la liberté, conſervez long-temps encore,
le bien dont vous êtes en poſſeſſion ! Qu'elle
ſoit toujours unie, cette liberté, à vos grandes
qualités morales ; qu'elle ſoit toujours défen-
due par votre ſageſſe, autant que par votre

courage. Hélas ! l'abus que nous en avons
fait, fera peut-être plus dangereux pour
elle, que notre longue indifférence. C'eſt à
vous qu'il appartient de ſoutenir ſa renommée, & de garder religieuſement ce feu ſacré,
devenu dans nos mains des tiſons incendiaires.

Cependant, on peut le demander, les
Anglois, depuis l'époque du Bill des Droits,
& depuis l'Acte Parlementaire de 1701,
n'ont-ils pas eu à ſe repentir de n'avoir pas
reſſerré davantage les prérogatives du Pouvoir Exécutif, & le Monarque ne s'eſt-il
pas ſervi de ſes moyens d'influence, pour
reſtraindre la liberté Nationale ? Il l'auroit
tenté vainement ; car cette liberté eſt ſous
la garde des deux Chambres du Parlement,
les Pairs & les Repréſentans du Peuple ;
aucune loi ne peut être faite ſans la réunion
de leur volonté & ſans le conſentement du
Monarque ; & s'il étoit poſſible que ces trois
Pouvoirs s'accordaſſent, pour changer dans
quelque point eſſentiel la Conſtitution de

l'Etat, ils auroient à combattre le vœu de
la Nation entière, & ils n'oferoient jamais
l'entreprendre. D'ailleurs, je l'ai déjà dit, la
perfection de la Conftitution d'Angleterre ne
confifte pas feulement dans cette jufte combinaifon, qui affure la liberté fans nuire à
l'action du Gouvernement ; elle a de plus,
pour mérite particulier, d'avoir fu attacher
tous les Pouvoirs & tous les Ordres de l'Etat,
au maintien du Gouvernement établi. Oui,
l'une des meilleures garanties de cette Conftitution, c'eft le bonheur de toutes les parties
contractantes ; bonheur qui n'eft pas en fpéculation, qui n'eft pas en fyftême, mais qui
a été foumis à l'épreuve du temps, à cette
épreuve ardente, où la raifon feule acquiert
une nouvelle force.

Quelques perfonnes allégueront, peut-
être, que depuis l'année 1701, il s'eft fait
des changemens aux lois d'Angleterre, dont
le motif peut être rapporté à l'influence de
la Couronne ; circonftance d'où l'on peut
inférer que cette influence eft trop étendue.

Les deux exemples remarquables dont on
se sert, ou dont on peut se servir pour ap-
puyer ce raisonnement, sont, d'une part, la
prolongation des Parlemens de trois à sept
ans, & de l'autre, la faculté donnée au Roi,
de soumettre à la loi martiale les délits militaires ; mais si l'une & l'autre de ces dispositions peuvent s'expliquer par le bien de
l'Etat, & sur-tout, si elles ne portent pas
atteinte à la liberté, on n'est pas fondé à les
présenter comme une preuve du dangereux
ascendant des prérogatives Royales.

Il seroit difficile de déterminer si le terme
le plus raisonnable d'un Parlement seroit cinq
ans, plutôt que six, ou six plutôt que sept ;
& j'ai déjà montré, dans un chapitre précédent, les inconvéniens majeurs de la réno-
vation trop fréquente des Assemblées Législatives. Ces réflexions trouveront ici leur
parfaite application, mais je dois éviter une
répétition si rapprochée. Ce n'est pas, d'ail-
leùrs, la possibilité de maintenir le même
Parlement, pendant sept ans, qui offense la

liberté, ce feroit uniquement l'abus que le Roi pourroit faire de cette prérogative. Mais fi la liberté Angloife eft fuffifamment gardée, par toutes les précautions dont elle eft environnée, le droit de prorogation du Parlement, tel qu'il a été accordé au Roi, favorife l'ordre public, fans donner aucun fujet d'inquiétude.

Remarquons, cependant, que la longue durée des Parlemens d'Angleterre ne pourroit être maintenue, fi, pour être admis dans le Corps Légiflatif, aucune propriété n'étoit néceffaire; car alors le nombre des afpirans à cette dignité feroit, comme en France, tellement confidérable, que jamais leur impatience ne fupporteroit une longue attente; & ils voudroient voir revenir plus fouvent la chance d'être nommés Députés du Peuple. On conçoit donc, comment une Nation vaine, & trois fois plus peuplée que l'Angleterre & l'Ecoffe réunies, eft prête à trouver trop long, l'intervalle de deux ans, établi entre les époques d'élection aux places

de

de Législateur. La patience de l'amour-propre
François, est visiblement à bout, lorsque
ces deux ans approchent de leur terme. Aussi,
parmi les fâcheuses conséquences de la loi
Constitutionnelle, qui permet de nommer
Députés aux Assemblées Nationales, des
hommes sans propriété, il faut compter le
renouvellement fréquent des Législatures,
suite forcée de la multitude innombrable des
prétentions.

Je reprends la discussion particulière à ce
Chapitre.

On ne peut critiquer, au nom de la liberté, la disposition Parlementaire, qui,
dans l'année 1718, investit le Roi d'Angleterre de l'autorité, nécessaire pour soumettre
les délits militaires à la loi martiale ; il n'en
est résulté qu'une plus grande subordination
dans l'Armée, & ce n'est pas dans le relâchement de la discipline qu'on doit chercher la liberté ; l'idée seroit trop étrange,
puisque cette discipline prévient l'abus de la
force ; & en supposant un esprit d'inquiétude

fur l'exiftence des Troupes de ligne, dans un pays libre, il vaudroit mieux diminuer leur nombre qu'affoiblir leur action.

Je viens d'indiquer les deux Bills qui ont augmenté, d'une manière marquante, la prérogative Royale, poftérieurement au Bill des droits, & à l'Acte Parlementaire de 1701. Je dois maintenant rappeler que, depuis la même époque, il y a eu des Bills évidemment défavorables à cette prérogative; je citerai celui par lequel toutes les perfonnes occupant des Offices *fous la Couronne*, d'une création poftérieure à l'année 1705, ont été écartées de la Chambre des Communes, & le Bill, fous le préfent règne, par lequel les Agens du fifc, tous à la nomination du Gouvernement, ont été exclus du droit de fuffrage aux élections des Membres du Parlement; difpofition qui a reftreint manifeftement l'influence de la Couronne. Le véritable accroiffement de cette influence doit être attribué à l'augmentation progreffive des impôts, des dépenfes & des Colonies; circonftance qui,

en multipliant les branches de l'Adminiſtration , a rendu plus conſidérable le nombre
des places à la nomination Royale ; mais on
n'a pas éprouvé juſques à préſent , que la
réunion des prérogatives du Monarque , lui
donnât le pouvoir d'enfreindre , en aucun
point , les franchiſes Nationales & les lois
Conſtitutionnelles.

Ces lois ſont plus favorables à la liberté
que les nôtres, & cependant on n'y a point
ſacrifié l'ordre public. On voit , en Angleterre comme en France, un Corps National , duquel émanent toutes les lois , & qui
ſeul en a l'initiative ; un Corps National,
qui détermine tous les impôts , qui fixe
toutes les dépenſes , qui examine tous les
comptes, & qui rend public, annuellement,
l'état des Finances ; on y voit les Miniſtres
reſponſables envers la Nation & ſoumis aux
accuſations du Corps Légiſlatif; on y voit la
force militaire, tenue immobile juſques au
moment où les Magiſtrats civils la requiè-
rent ; on y voit la liberté de la preſſe, éten-

due jufques au degré où elle feroit en contradiction abfolue avec la morale ; on y voit
la liberté perfonnelle, affurée par la profcrip-
tion Conftitutionnelle de tout emprifonne-
ment par voie d'autorité ; on y voit le falu-
taire établiffement des Jurés, appliqué non-
feulement aux procédures criminelles , mais
encore aux difcuffions civiles; enfin , on y
voit toutes les bafes effentielles de la liberté
civile & politique, & les mêmes que nous
avons prifes en grande partie , d'une Nation
digne de fervir de modèle en ce genre.
Mais elle a élevé deux remparts de plus
que nous, en faveur de cette liberté, dont
elle eft fi jaloufe ; l'un eft le Statut Conftitutionnel , en vertu duquel la difcipline , &
en quelque manière, l'exiftence de l'Armée,
ont befoin d'être maintenues par un Acte du
Parlement qui fe renouvelle tous les ans;
l'autre, vraiment précieux, parce qu'il eft d'un
fervice habituel, c'eft le droit donné à tout
homme arrêté , ou détenu injuftement, de
pourfuivre, en réparation, l'Officier civil qui

auroit abufé de fon autorité. Il n'eſt point
de citoyen François , qui ne voulût échan-
ger, contre ce ſeul rempart de la liberté Angloiſe , la moitié des avantages de notre
Conſtitution ; car il eſt aujourd'hui , dans le
Royaume , tant de Pouvoirs inveſtis du droit
d'empriſonner , & l'exerçant légérement, que
malgré le doux changement du vieux nom de
priſon , dans le mot plus nouveau de *lieu
d'arreſtation* , les grilles & les verroux reſ-
tant toujours les mêmes, on eſt effrayé de la
facilité avec laquelle , & les Départemens, &
les Diſtricts, & les Officiers Municipaux , &
les Sections, & les Commiſſaires de Police ,
& d'autres encore , s'emparent de la liberté
des particuliers , & prolongent leur captivité
fans être expoſés à aucun danger perſonnel.

Je ſuppoſe maintenant , qu'après ces diverſes réflexions , ſuſceptibles, ſans doute ,
d'une plus grande étendue , on vînt cependant à ſe demander , s'il eſt vrai que l'Aſſemblée Nationale ait inventé , pour les François, une liberté ſupérieure à celle dont on

Y iij

jouit en Angleterre ; on feroit forcé de convenir que cet avantage prétendu, ce triomphe apparent, eft entièrement compofé des
dépouilles du pouvoir Exécutif, & des dé-
bris, pour ainfi dire, de l'ordre public. On
oblige à recevoir, comme un degré de liberté
de plus, la mobilité des places, les droits
d'élection renouvellés fans cefle, & toutes
les fubdivifions du Pouvoir Exécutif ; on
oblige à recevoir, comme un degré de liberté
de plus, l'empire abfolu des dernières claffes
du Peuple & le déplacement de toutes les
autorités ; on oblige à recevoir comme un
degré de liberté de plus, l'affranchiffement
de tous les égards, & le relâchement des liens
les plus néceffaires au maintien des mœurs
domeftiques ; on oblige enfin à recevoir,
comme un degré de liberté de plus, toutes
les mocqueries faites aux Miniftres, & toutes les difpofitions légiflatives qui ont dépouillé le Trône de fon appareil, ou rabaiffé
la Majefté Royale ; & cependant de pareils
accroiffemens de liberté n'ont fervi qu'à ren-

verfer l'équilibre du Gouvernement , équilibre dont la plus importante deſtination eſt
le maintien de la liberté même.

\ Mais on a cherché ſans ceſſe à préſenter la
défaite du Pouvoir Exécutif , comme une
victoire remportée par la liberté , & ce n'eſt
pas , ſans aucun motif perſonnel , qu'on
s'eſt conduit ainſi. Les Anglois ayant ſu diſ-
tinguer , & ayant poſé , d'une main affermie,
toutes les pierres angulaires de la liberté , il
a bien fallu , pour les paſſer en renommée,
s'ouvrir un champ de gloire dans les idées
vicinales ; & l'abaiſſement, ſans meſure du
Pouvoir Exécutif , abaiſſement ſi facile à
confondre avec l'indépendance , & l'indépendance avec la liberté , s'eſt préſenté
comme un moyen d'éclat, abſolument nouveau , & laiſſé , pour ainſi dire , en ſon entier , à l'Aſſemblée Nationale , par tous les
Légiſlateurs qui l'avoient précédée dans la
même carrière. Mais les hommes ſages ne
s'y méprendront point ; ils verront que les
Anglois ſe ſont appliqués à maintenir l'action

du Gouvernement & à prévenir fes abus ,
& que nous , Légiflateurs fans adreffe , &
frappant , les yeux fermés , fur tout ce qui
étoit devant nous , nous avons détruit le
pouvoir de l'Adminiftration , pour nous
mettre à l'abri dé fes erreurs.

Je ne fais donc pourquoi l'on reproche
à l'Affemblée Nationale, d'ufurper les fonctions de ce Pouvoir ; car il eft indifpenfable
que la feule force réelle , établie par la
Conftitution, foit mife en action, & fe porte
par-tout où il y a danger. Il faut que le
Gouvernement marche ; il faut que les obf-
tacles fe lèvent , il faut que les difficultés
s'applaniffent ; & comme dans l'Adminiftration , il y a toujours *urgence* , pour me
fervir d'un mot rendu Conftitutionnel , les
affaires publiques ne peuvent pas attendre
que le Pouvoir Exécutif ait acquis de la
confidération, ait recueilli dés moyens; ainfi,
l'Affemblée Nationale , lors même qu'elle
n'en auroit pas le goût , feroit contrainte
de paroître & de donner du fecours. Les

Miniſtres auroient beau crier avec un porte-voix : *Force à la loi, reſpect à la loi, hommage à la loi* ; leurs intonnations', toujours trop foibles, feroient mal entendues , au milieu du bruit des Départemens, des Diſtricts, des Municipalités, des Gardes Nationales, & de tout un Peuple en mouvement au nom de l'égalité.

\Ce n'eſt donc pas de l'Aſſemblée Natio-nale qu'il faut médire , lorſqu'on la voit agir dans tous les ſens ; la faute en eſt aux Lé-giſlateurs qui l'ont miſe dans la néceſſité d'exercer tous les Pouvoirs ; la faute en eſt à cette incompréhenſible Conſtitution , qui a rangé, d'un côté, une Aſſemblée unique, une Aſſemblée permanente, une Aſſemblée, dont les Députés nombreux, bornés à deux ans d'exiſtence, ont beſoin de la multiplica-tion des travaux du Corps Légiſlatif pour jouer chacun leur rôle , & qui a placé, de l'autre, un Pouvoir Exécutif, ſans prérogati-ves, ſans faculté de faire ni du bien ni du mal à perſonne , & aſſoibli juſques dans ſon éclat extérieur, par les altérations de tout genre, apportées à la Majesté du Trône, & à la considération des Ministres du Prince. Un pareil rapprochement devoit produire tous les effets dont nous sommes témoins. Quelle distraction, ou quelle méprise ont empêché de l'appercevoir!

De même, après avoir conduit l'onde calme & légère d'un ruisseau sans pente & sans profondeur, près d'un torrent impétueux, incertain dans son cours & descendant des montagnes à flots redoublés, on imagineroit peut-être, qu'à l'aide de quelques paroles magiques, ces différentes eaux se tiendroient toujours séparées.

Il existe, sans doute, deux Pouvoirs bien distincts sur le Livre de la Constitution ; mais le défaut de proportion, dans leurs forces respectives, devoit nécessairement amener leur confusion ; & ce défaut de proportion étoit inévitable, dès que nos Législateurs, ainsi que je l'ai développé dans les commencemens de cet Ouvrage, avoient oublié si long-

temps , & le Pouvoir Exécutif , & le rang
qu'il devoit occuper dans la combinaiſon des
Articles Conſtitutionnels.

Cependant, c'eſt une maxime , devenue
preſque proverbiale , que la réunion des
Pouvoirs eſt une atteinte portée aux principes de la liberté ; il eſt vrai qu'on la pro-
nonce ſouvent ſans y avoir réfléchi , & ſans
pouvoir en rendre raiſon. Je ne répéterai
pas néanmoins ce que tous les hommes inſ-
truits ſavent également ; mais je ferai ſeulement obſerver que le grand reproche , dirigé
contre l'ancienne forme de Gouvernement,
ſe rapportoit à la réunion des Pouvoirs entre
les mains du Monarque ; & cependant il
avoit pour obſtacles, dans l'exercice incon-
ſidéré de ces divers Pouvoirs , & l'opinion
publique , & l'empire des mœurs , & les
oppoſitions des Parlemens , & les droits des
Etats , & depuis quelque temps , les réſiſtances éclairées des Adminiſtrations Provinciales. Sans doute la puiſſance immodérée
d'une Aſſemblée, compoſée des Repréſentans

de la Nation, n'eſt pas auſſi redoutable que
le deſpotiſme d'un ſeul homme ; mais elle a
des inconvéniens qui lui ſont particuliers, &
qui doivent ſur-tout être ſentis par certains
caractères.

Une Aſſemblée nombreuſe , lorſqu'elle
exerce le Pouvoir Exécutif, ne peut jamais
agir par nuances, & tout ce qui eſt doux,
ſenſible, ou approprié de quelque manière
aux foibleſſes des hommes , lui paroît toujours de la molleſſe ; & ſi cette Aſſemblée
eſt compoſée de Légiſlateurs, le cours de
leurs penſées habituelles les ramène aux
partis généraux & prononcés ; & ce qui
s'approche le plus en Adminiſtration d'un
pareil eſprit, ce ſont les punitions & leur
application rigoureuſe. Une Aſſemblée collective, obligée encore de renoncer, & à
cette ſurveillance qui prévient les fautes, &
à cette pénétration qui en démêle les motifs,
& à ce mélange d'indulgence & de fermeté,
qui s'applique mieux aux hommes qu'aux
principes, & à cette prudence enfin , qui

lutte habilement contre les difficultés ; une telle Assemblée, étrangère, par son état de Législateur, aux tempéramens & aux modifications si souvent nécessaires dans le Gouvernement, est obligée de se montrer toujours armée d'une faulx tranchante ; & cependant, la simple réunion de la dureté à la puissance, sans former encore le despotisme, en présente tellement l'image ou la ressemblance, que les ames élevées ont quelquefois de la peine à en supporter le spectacle.

Il est encore une considération qui oblige une grande Assemblée à chercher tous les moyens d'action dans le sentiment de la crainte ; c'est qu'elle ne peut, ni donner de l'espérance, ni promettre de la gratitude, & cependant ces deux mobiles sont les seuls qui influent, avec douceur, sur la conduite des hommes. Une Assemblée Nationale, qui se renouvelle tous les deux ans, ne peut ni suivre les efforts, ni se souvenir du zèle, ni encourager les talens obscurs ; elle a bien des récompenses à offrir,

mais il faut être arrivé à un but , & même à
un but fingulier, pour être apperçu d'elle,
& pour en obtenir des marques de diftinction ; & alors l'opinion publique , qui dé-
cerne les plus belles , l'a déjà prévenue.
D'aileurs, fi les faveurs éclatantes , celles
où un fentiment de refpect a pu fe mêler,
reçoivent un nouveau prix du concours
libre & volontaire des Repréfentans d'une
Nation, il n'en eft pas de même des graces
d'un autre genre, & fur-tout des rétributions
pécuniaires ; les feules cependant qui entretiennent le mouvement habituel de l'Adminiftration ; elles annoncent trop nuement,
de la part de ceux qui les accordent, une
fimple fupériorité ; & parmi les nombres collectifs, l'on n'aime pas autant les commu-
nautés de bienfaiteurs , que les réunions d'ad-
mirateurs.

Enfin , n'en doutons point , une Affemblée Légiflative , foit par l'efprit inhérent à
fes fonctions , foit par le caractère abftrait
que lui donne infenfiblement l'examen habi-

tuel des questions générales , soit par le
simple progrès des opinions & des sentimens,
au milieu d'une grande réunion d'hommes,
une telle Assemblée ne peut jamais conduire,
ni avec douceur, ni avec modération , cette
partie des affaires publiques , désignées sous
le nom de Gouvernement ; & bientôt elle
finit par haïr tous les tempéramens auxquels
elle se trouve inhabile ; alors on lui parle,
sans cesse, de sermens à imposer, d'accusa-
teurs publics , de Hautes Cours Nationales,
de Ministres responsables , de destitutions ,
de peines de mort ou de châtimens ignomi-
nieux, & de toutes les autres inventions
vengeresses. On promène, pour ainsi dire,
devant elle, l'attirail entier de la tyrannie,
& elle se trouve forcée d'y avoir recours,
non par goût pour le despotisme, mais pour
se munir des seuls leviers dont elle peut faire
usage, lorsqu'elle quitte les fonctions législatives pour se saisir du Gouvernement. Cé-
pendant on n'offense pas moins de cette
manière, & les ames douces, & les esprits

fages ; & trop fouvent alors la liberté de fentiment, celle qui doit régner au fond des
cœurs, fe trouve comme facrifiée à cette liberté toute en raifonnement, à cette liberté
qui n'ayant point de centre, remplit un efpace indéfini, dans les defcriptions fan-
taftiques des Orateurs & des Romanciers.

Il n'eft point de liberté réelle, il n'en eft
point, du moins, qui foit certaine, s'il exifte,
au milieu de l'Etat, une autorité fans balance.
Et quel Pouvoir feroit mis en comparaifon
avec le Pouvoir d'une Affemblée, qui réunit
au droit Légiflatif tout l'empire qu'elle veut
prendre, toute la domination qu'il lui plait
d'exercer, & fur l'Adminiftration intérieure,
& fur les Affaires étrangères, & fur les
fonctions Judiciaires ! Quel Pouvoir encore
feroit mis en comparaifon avec l'indépendance d'une Affemblée, qui, en évitant feulement le petit nombre de fautes, propres
à agiter l'opinion publique, fe trouve au-
deffus de toutes les cenfures, & qui, occupant

pant continuellement l'attention par de nouveaux objets, ne laiffe à l'homme opprimé
que l'intérêt d'un jour, & femble étouffer,
par un bruit roulant de tambour, fes plaintes
& fes murmures. Enfin, jufqu'où ne pourroit
pas s'étendre la confiance d'une Affemblée,
qui, renouvellée tous les deux ans, & après
avoir rempli, fans contrainte, fon règne d'un
moment, loin d'être foumife à aucune refponfabilité, difparoît tout-à-coup de la fcène
du monde, & fe diffémine, comme le tonnerre, en particules imperceptibles?

Comment ne feroit-on pas effrayé de l'autorité d'une Affemblée qui décide, en un
moment & fans appel, de l'honneur, de la
fortune & de la liberté des citoyens; d'une
Affemblée, qui, en profcrivant avec une
petite majorité de fuffrages, le développe-
ment des avis préjugés contraires au fentiment
de cette même majorité, affure, par fa tyrannie fur les opinions, fon defpotifme envers
les perfonnes? Comment ne feroit-on pas
effrayé de l'autorité d'une Affemblée, qui,

fur le rapport d'un de fes Membres, & fans daigner écouter ni les accufés, ni leurs défenfeurs, remplit les prifons de fes victimes? (1) Comment ne feroit-on pas effrayé de l'autorité d'une Affemblée toujours prête à fléchir devant les opinions populaires, & qui fe fert enfuite de ces mêmes opinions pour forcer la volonté du Monarque, & pour anéantir ainfi la foible digue oppofée par la

_____

(1) C'eft ainfi qu'on vient d'envoyer à Orléans le Miniftre des Affaires Etrangères, fur une dénonciation, dont aucun Député n'auroit pu rendre compte, tant elle eft compofée de fubtilités : elle reffemble aux paroles du Sphinx, & le même danger l'accompagne. Le Miniftre n'a pas été entendu ; le Comité Diplomatique ne l'a pas été non plus ; le moment paroiffoit favorable à la perte d'un homme fage, & l'on en a profité. Non, jamais en Turquie les jugemens n'ont été rendus avec une pareille légéreté. Ce n'eft pas, dit-on, une fentence, c'eft un fimple Décret d'accufation ; oui, mais de tels Décrets font fuivis d'une captivité dont le terme eft inconnu, d'une captivité qui livre peut-être aux plus affreufes alarmes, un père, une mère, une tendre époufe, une famille entière. C'eft donc une rigoureufe condamnation, qu'une accufation dont les conféquences font fi terribles, & rien ne peut excufer la précipitation qu'on y apporte.

Conſtitution à la toute-puiſſance du Corps
Légiſlatif? Enfin, comment ne ſeroit-on pas
effrayé de l'autorité ſans bornes d'un être collectif, qui, paſſant dans un clin-d'œil d'une
nature vivante à une nature abſtraite, n'a
beſoin ni de compaſſion, ni de pitié, & ne
redoute pour lui-même ni condamnation, ni
cenſure? Ah! ſi l'on appelle libre, un pays
ſous le joug abſolu d'une telle Puiſſance; ſi
l'on appelle libre, un pays où la ſûreté des
perſonnes, le reſpect pour les propriétés, le
maintien de la tranquillité publique, dépendent du talent d'un Orateur & du moment
qu'il a l'art de choiſir pour entraîner les ſuffrages; ſi l'on appelle libre, un pays où il
n'exiſte aucune balance d'autorité, où le Pouvoir Exécutif n'eſt qu'un vain nom, où ſes
droits ne ſont plus qu'une ſuppoſition, où
l'opinion des ſages n'a plus de crédit, où la
Religion n'a plus d'empire, où les mœurs
mêmes n'impoſent aucune loi; ſi l'on appelle
libre, un Gouvernement ainſi compoſé, il faut

Z ij

n'avoir aucune idée des premiers principes de
l'organifation fociale.

Encore , fi la domination d'une affemblée
affranchiffoit de tous les autres defpotifmes ,
l'inconvénient en feroit moins fenfible ; mais
cette domination fans pareille n'eft pas la feule
qui foit favorifée par l'extrême affoibliffement
du Pouvoir Exécutif. Les quatre-vingt-trois
Départemens, tous nommés par le Peuple,
appercevront, chaque jour davantage, deux
vérités inconteftables ; l'une, qu'ils n'ont rien
à craindre, ni à efpérer du Gouvernement,
& qu'ils feront généreux en reftant polis envers lui ; l'autre, qu'une Affemblée nombreufe & fans ceffe mouvante, eft incapable
d'une furveillance fuivie ; & qu'ainfi, en gar-
dant feulement de certaines mefures avec elle,
ils feront, quand ils le voudront, maîtres ab-
folus dans leur enceinte.

Qu'importe, dira-t-on ? ils feront alors
femblables à tous les Confeils de République, qui gouvernent auffi bien que d'autres.

Mais on ne penfe pas que ces Confeils font
placés près du Corps Légiflatif, & au centre
des diverfes forces actives & réactives, defti-
nées à former l'organifation complette d'un
gouvernement. On ne penfe pas encore que
l'autorité de ces Confeils, dans les petits Etats,
eft à la fois réglée & modérée par la furveillance active de toute la Communauté.

La Conftitution Françoife n'offre rien de
pareil. Les Départemens ne reffemblent à
des Etats féparés, que par leur circonfcrip-
tion, & ils n'ont du Gouvernement Républicain que les droits d'élection laiffés entre
leurs mains. Ils ne peuvent avoir, ni des lois
faites dans leur propre fein, ni des lois garanties au milieu d'eux, par les diverfes autorités & par les diverfes cenfures, qui compofent l'enfemble d'une Conftitution, & qui
rendent, pour ainfi dire, indigènes les principes d'ordre & de liberté ; ils ne peuvent
avoir non plus, ni des lois accommodées à
leurs mœurs & à leurs habitudes, ni des lois
propres à leur donner un caractère particulier;

& obligés encore à prendre pour marque dif-
tinctive de leur exiftence politique, le nom
d'une rivière où d'un rocher, ils n'ont pas
feulement l'efpèce de lien qu'impofe une défignation plus vivante, une défignation qui,
s'appliquant aux citoyens mêmes, entrete-
noit autrefois dans les Provinces un fentiment
commun d'honneur & de renommée. Bien
différens encore des Etats d'Amérique, qui
ont mis uniquement en fociété leurs intérêts
politiques, tout doit leur venir du régulateur
univerfel de l'Empire François, lois, mœurs,
opinions, tributs, & les détails comme l'enfemble de leur ordonnance intérieure.

Cependant on n'eft pas exempt d'inquiétude, en réfléchiffant que plufieurs de ces
Départemens, ainfi conftitués, ainfi régis,
font à deux cents lieues de diftance de leur
Souverain Légiflateur; & l'on concevroit une
jufte défiance fur la durée conftante de leur
fubordination, fi l'Affemblée Nationale per-
fiftoit à négliger la médiation active du Pouvoir exécutif, & difcréditoit elle-même l'au-

torité qui doit fervir de lien entre l'obéiffance des hommes & l'abftraction de la loi. Qu'on laiffe faire au tems, & l'on verra que, fans cette médiation impofante, la domination progreffive d'une Affemblée unique, favorifera néceffairement l'empire abfolu des Adminiftrateurs de Départemens, ou des Chefs populaires auxquels ces Adminiftrateurs feront eux-mêmes foumis; car ils fe mettront à couvert de toute efpèce de cenfure particulière, en fe préfentant comme uniquement refponfables envers cette grande autorité centrale, dont la furveillance ne les effrayera point, & qui aura toujours à compter avec eux.

Ce n'eft pas avec un char à fept cents quarante-cinq roues, que l'on peut faire la ronde autour d'un Royaume pareil à la France; la marche en eft trop lente & trop embarraffée, & l'on ne fauroit fe paffer d'une action plus rapide, pour maintenir par-tout l'ordre & la liberté.

Tous les commencemens de trouble &

Z iv

d'infubordination , échappent aux regards d'une Affemblée nombreufe, placée au centre d'une vafte contrée. Elle ne peut donc ni s'en occuper à tems, ni connoître avec certitude les premiers coupables. Elle prend des informations lorfque l'intrigue des événemens obfcurcit déjà la vérité, & lorfque les paffions ont dénaturé tous les faits, ont rendu fufpects tous les témoignages. Cependant elle ne veut pas moins juger & les chofes & les hommes; mais les Commiffaires, dont elle écoute les rapports, devenant fes feuls guides, elle ne fe garantit que par hafard des plus grandes injuftices , ou des plus dangereufes imprudences.

On apperçoit continuellement que les limites des différens Pouvoirs politiques font fixées par des lois, inhérentes & à la nature de ces Pouvoirs, & aux premiers principes de la raifon & de la morale ; on peut, fans doute les étendre ou les refferrer d'après l'échelle d'un Gouvernement théorique ; on le peut en fyftême, on le peut en rêverie; mais

lorfque le mouvement focial eft donné, &
lorfque cette immenfe rotation doit enfin aller
d'elle-même, on apperçoit alors le mérite des
proportions indiquées par une longue fuite
d'obfervations ; & l'on regrette, mais trop
tard, de n'avoir pas eu plus de refpect pour
l'expérience, & d'avoir méconnu fa noble
origine fous fes vêtemens ufés & déchirés par
le tems.

Enfin je le demanderois, & ce fera ma
dernière réflexion, je le demanderois aux
Légiflateurs de la France. Par quel motif, en
fuivant fans contrainte leur fyftême d'innovation, ont-ils privé les Départemens de l'avantage inappréciable de former féparément, &
alors, fans doute, en portions plus grandes,
autant d'Etats diftincts, unis feulement comme
ceux d'Amérique, par une fédération politique, financière & commerciale, dont le Monarque eût été le Chef héréditaire ? Par quel
motif l'Affemblée Conftituante, une fois dé-
gagée de toutes fortes de liens, a-t-elle privé
les diverfes Sections de la France, de l'avan-

tage inappréciable de concourir chacune à
la confection de leurs lois, dans toute la
plénitude de leur volonté, au lieu de soumettre
leurs convenances particulières au hasard
d'une décision, prise à la majorité des suffrages parmi les Députés de tout le Royaume ?
Pourquoi l'Assemblée Nationale a-t-elle encore privé ces mêmes Sections du droit de
déterminer à elles seules leur Constitution
Législative, leurs formes d'Administration,
leur Ordre Judiciaire, leurs Réglemens Ecclé-
siastiques, & leur système fiscal ? Pourquoi ne
leur a-t-on pas permis d'avoir un Corps Législatif particulier, & de réunir, dans leur
propre sein, cet équilibre de Pouvoirs qui
garantit l'ordre & la liberté ? Pourquoi les
a-t-on contraintes à sacrifier jusques aux noms
distinctifs, dont leurs habitans se paroient
autrefois, & qui leur rappelloient à chaque
instant, ou la célébrité de leur terre natale,
ou les hauts faits de leurs ancêtres ? Enfin,
je le demanderois aux Législateurs de la
France, quel a été le motif de tant de priva-

tions impofées à toutes les anciennes Provinces du Royaume ? On me répondroit fans
doute qu'on a voulu, en confondant tous les
intérêts, & par une fédération plus intime,
affurer davantage, & la paix au-dedans, & la
force au-dehors. Mais, lorfqu'on attache avec
raifon tant de prix à ces deux conditions
fociales, à ces deux avantages politiques ; &
lorfque, pour les obtenir, on n'a pas craint
de demander à toutes les Sections du Royaume,
le facrifice de leurs intérêts les plus effentiels,
comment a-t-on pu fe réfoudre à rendre ce
facrifice inutile, en affoiblissant le Pouvoir
deftiné à être le protecteur de l'ordre intérieur,
le lien de la force publique & le modérateur
de toutes les paffions hoftiles, au milieu d'une
immenfe fociété politique, réglée & dirigée
par une feule loi ?

CHAPITRE XVIII.

Si l'égalité absolue est une condition nécessaire de la liberté.

Le mot de ralliement, en France, dans ce moment, c'est l'égalité ; & sur la foi d'un petit nombre de doctrinaires, & de leurs commentateurs, on regarde aujourd'hui, comme un principe avéré, que sans l'égalité absolue, il n'y a point de liberté, & que cette égalité est l'idée favante, l'idée mère de la Constitution Françoise. Les compositeurs de cette Constitution difent de plus, à qui veut les croire, que le principe fur l'égalité a guidé leurs pas, dirigé leurs travaux, & que jamais ils ne l'ont perdu de vue. Il faut donc, pour être de pair avec eux dans cette discussion, commencer par détruire les avantages qu'ils voudroient tirer de leur constance dans la même opinion, & de l'accord de leurs premiers apperçus avec toutes leurs penfées Légiflatives.

On connoît la date de cette opinion fur l'égalité abfolue, on connoît l'époque de fa venue au milieu de nous, & c'eſt par une forte d'artifice qu'on a cherché à la rattacher aux paroles de la Déclaration des Droits, à ces mots : *les hommes naiſſent & demeurent égaux en droits.* On pourroit fe fervir de la même phrafe pour ordonner le nivellement de toutes les propriétés. Auffi, lorfque le premier article de la Déclaration philofo-phique des Droits de l'Homme fut adopté par l'Affemblée Nationale, & qu'on s'en entretint publiquement, les uns, pour criti-quer cet article, prétendoient que le Peu-ple y verroit le principe d'une égalité abfo-lue, & les autres répondoient, qu'une inter-prétation fi abfurde ne devoit pas être pré-fumée.

Le principe rigoureux de l'égalité abfo-lue n'a pris naiſſance qu'à l'époque du 19 Juin 1790, & à la réuffite du Décret fur

les noms & les titres. L'attachement de
l'Affemblée à cette innovation, étoit alors fi
foible & fi chancelant, qu'elle auroit vrai-
femblablement modifié fon Décret, fi le Roi
avoit adopté le Mémoire d'obfervation dont
je fis lecture au Confeil; & je pourrois citer,
à l'appui de mon opinion, le fentiment bien
connu de plufieurs Membres de l'Affemblée
Nationale, ardens amis de la Conftitution &
de la liberté. L'on n'aura pas non plus oublié
qu'après la publicité du Mémoire, dont je
viens de parler, l'Affemblée Nationale nomma
des Commiffaires pour revoir le Décret du
19 Juin; mais l'opinion, en faveur de cette
loi, ayant fait graduellement des progrès,
les Commiffaires ne s'occupèrent point de
la miffion qui leur avoit été donnée, ou
du moins, ils n'en ont jamais rendu compte,
& l'Affemblée ne leur en rappela point le
fouvenir.

Examinons maintenant fi, antérieurement
à cette époque, le principe de l'égalité
abfolue, préfenté comme l'idée mère de la

Conſtitution Françoiſe, avoit jamais été ſup-
poſé, avoit jamais été mis en délibération.
Aucun débat de l'Aſſemblée Nationale ne
l'annonce, aucun n'en donne l'idée. La véritable occaſion, ſans doute, de mettre en
avant un principe, ſans lequel on affirme
aujourd'hui qu'il n'y auroit point de liberté,
cette occaſion naturelle étoit le moment où
l'on rédigea les Articles Conſtitutifs, Articles généralement connus & préſentés au
Roi en même-tems que la Déclaration des
Droits.

Je citerois encore une autre époque
mémorable, où la profeſſion ouverte du
principe de l'égalité abſolue devenoit un
devoir impoſé, par l'honneur, aux Députés
des Communes, ſi ce principe eût été réellement leur première penſée & l'idée fondamentale de leurs combinaiſons Légiſlatives. Cette époque eſt la célèbre nuit du
quatre Août, où l'on fut ſi content des
ſacrifices propoſés par la Nobleſſe & le
Clergé, où l'on y répondit par les plus vifs

sentimens de satisfaction , où des acclama-
tions univerfelles fe faifoient entendre , où
l'enthoufiafme & l'expanfion la plus touchante , croiffant de moment en moment,
l'on finit par décréter , unanimement, que le
fouvenir d'une fi heureufe journée feroit
confacré par un *Te Deum* , & rendu perpétuel par une médaille. Or , je le demande,
fi l'on avoit eu alors le deffein de niveller
tous les rangs , n'eût il pas été déloyal aux
Communes de fe montrer pénétrées des fentimens les plus doux & les plus reconnoiffans,
& leur langage alors ne devoit-il pas être :
voilà ce que vous offrez; nous voulons bien
davantage ?

Combien de difcours , prononcés par les
Orateurs les plus diftingués de cette Affemblée , viendroient encore à l'appui de la vérité
que je foutiens ! mais j'aime mieux citer les
termes mêmes d'un Décret. Il eft du onze
Août, ainfi poftérieur à l'époque , défignée
comme l'Ere de la révolution : on y lit ces
mots , Article XI.

« Tous

« Tous les Citoyens pourront être admis
» à tous les Emplois & dignités Ecclésiasti-
» ques, Civils & Militaires, & nulle pro-
» feſſion utile *n'emportera dérogeance* ».

Ces dernières expreſſions ſuppoſent évidemment l'exiſtence & le maintien de la
Nobleſſe.

Il ſeroit aiſé de prouver encore, par une
multitude de petites circonſtances, que l'égalité abſolue, cette prétendue idée mère de
la Conſtitution Françoiſe, doit être miſe
au nombre des principes qui ſont arrivés à
l'Aſſemblée Nationale, pendant le cours de
ſes délibérations, & qui lui ont été apportés,
comme tant d'autres, par le flot des opinions
populaires.

Maintenant, n'importe ſa date, n'importe
ſon origine, examinons le principe en lui-
même, & voyons ſi cette égalité abſolue eſt
une condition néceſſaire de la liberté politique, comme tant de gens le répètent aujour-
d'hui, ſans y avoir jamais réfléchi.

C'eſt toujours en réſiſtant aux leçons de

Tome I. A a

l'expérience, que l'on avance une pareille proposition ; car l'exemple de l'Angleterre prouve
diamétralement le contraire , & il feroit bien
plus aifé de montrer que , dans un grand
Royaume, il ne peut y avoir ni ordre public,
ni liberté générale, avec un nivellement abfolu
de tous les rangs.

Expliquons nous cependant fur le genre
de gradations qui doit être confidéré comme
néceffaire dans une Monarchie, lorfque cette
Monarchie eft réunie à une Conftitution
libre. Ce n'eft pas la féparation de la Nation
en deux Ordres, les Nobles & les Rotu-
riers , qui eft d'aucune utilité , dans un pareil
Gouvernement ; c'eft encore moins la poffi-
bilité d'acquérir, comme autrefois, la Nobleffe
à prix d'argent. Auffi, ne voit-on rien de
femblable en Angleterre. La feule gradation
de rang , néceffaire dans une Conftitution
libre & Monarchique , eft celle dont ce
Royaume donne le modèle. Cette gradation
exige uniquement l'exiftence d'un Corps,
dont la dignité foit affurée par fon union

au Corps politique , dont l'éclat ferve d'accompagnement à la Royauté , & dont le rang foit une forte de tranfition , de l'immenfité du Peuple à l'unité fans pareille d'un Trône & d'une Couronne. L'effet d'une médiation , d'une interpofition de ce genre , femble tenir uniquement à l'opinion , & même , fi l'on veut , à l'imagination; cependant , il n'eft pas moins la condition abfolue de notre refpeæ pour le rang fupréme , refpeæ fans lequel les Rois deviendroient inutiles, & l'efprit de la Monarchie n'exifteroit plus.

On conçoit comment autrefois , & chez les Nations guerrières qui exiftoient pour ainfi dire en entier au milieu des Camps , la gradation des rangs n'étoit pas néceffaire à la confidération du Chef de l'Etat; la difcipline militaire y fuffifoit à fon autorité , puifque cette difcipline eft elle - même la plus forte & la plus expreffive de toutes les hiérarchies. On conçoit de même comment les Caliphes de l'Orient pourroient

entretenir, dans les efprits, une idée impofante de leur grandeur fans le fecours d'aucune gradation de rang : enfermés au fond
de leur Palais, & n'ayant jamais de communication qu'avec leur Vifir ou leurs efcla-
ves, cette myftérieufe retraite les préfente
aux yeux du Peuple, comme une puiffance
inconnue, que l'œil ne peut circonfcrire,
& dont une imagination vague aggrandit
toutes les dimenfions ; & pourvu qu'une
pompe triomphale les environne, dans les
cérémonies où ils fe montrent en public,
& que, de tems à autre, leur autorité s'annonce, comme le tonnerre, par des actes
éclatans de vengeance, les efprits font continuellement entretenus, ou dans l'étonnement
ou dans le refpect.

Les exemples que je viens d'indiquer
n'ont aucun rapport avec les Monarchies
tempérées de l'Europe ; ce n'eft ni au milieu
des Camps, ni dans l'obfcurité d'un Sérail,
que les Chefs de ces Gouvernemens font
appelés à vivre. L'Adminiftration civile com-

pofe la partie effentielle de leurs devoirs,
& ils ne peuvent règner ni par le fer des
foldats, ni par un aveugle enthoufiafme. Il
faut donc que parmi nous on affure d'une
autre manière cette force & cette magie
d'opinion, fi néceffaire à celui qui doit
faire exécuter les lois dans un vafte Empire;
il faut que le fondateur d'un ordre focial
prépare avec fageffe ce mélange de droits
réels & de caractères apparens de grandeur,
qui doivent conftituer l'autorité fuprême, &
la mettre en état de nous rendre les fervices
importans que l'on attend d'elle.

Alors, on auroit à confidérer s'il eft poffible que la Majefté du Trône fubfifte,
lorfqu'aucune gradation de rang ne prépare
les efprits à l'augufte prééminence du Chef
de la Nation ; lorfqu'on le montre feul, &
comme ifolé, au milieu d'une foule innombrable d'hommes, placés fur une même ligne
& faifant bruit, faifant fafte de leur parfaite
égalité.

Le refpect eft une difpofition de l'efprit

qui a befoin d'éducation, & les liens de l'habitude lui font encore néceffaires. Il en eft de ce fentiment comme des autres rapports, & les égards que nous rendons à un fupérieur, ont une connexion fecrette avec les égards que nous attendons des hommes, placés au-deffous de nous dans l'ordre focial. Ainfi, lorfque par la deftruction abfolue de tous les rangs, le refpect pour la dignité Royale, ne feroit plus foutenu, ni par aucun intérêt perfonnel, ni par aucune opinion d'un ufage habituel, il n'auroit plus de force, il n'auroit plus d'entretien, & il ne tarderoit pas à paroître comme étranger à nos mœurs nouvelles. Un Monarque, un Trône, une Couronne, nous étonneroient fans nous en impofer, fi nous n'étions ramenés à l'idée d'une pareille fuprématie, ni par aucune gradation, ni par aucune penfée intermédiaire. N'en doutons point, nos perfpectives feront changées, fi jamais cet applaniffement fans exemple, défigné fous le nom d'égalité, s'établit, fe maintient, & métamorphofe en entier, le fol moral de la France.

Il n'exifte qu'un feul être dans l'Univers, dont nous puiffions conftamment adorer la Majefté Suprême, fans le fecours d'aucune idée médiatrice entre fa puiffance & notre foibleffe, entre fa grandeur & notre néant ; mais fon infinité même & fa plénitude univerfelle touchent à tous les points de notre fentiment & de notre efprit, & nous offrent, de cette manière, une multitude innombrable d'échelons pour nous élever à lui, par la penfée ; & telle eft la nature de cette communication toute fpirituelle, que notre refpect s'accroît à chaque pas que nous faifons, pour approcher de plus près du Souverain Maître du monde.

Que fi nous cherchions, fous un autre afpect, une preuve nouvelle de l'importance des gradations & des applications diverfes de cette vérité, nous la trouverions dans la philofophie religieufe du paganifme. Cette philofophie ayant dépouillé le premier auteur de la nature, de son essence spirituelle, & l'ayant montré continuellement sous une forme corporelle, elle apperçut en même tems la nécessité de captiver le respect des hommes par une hiérarchie de Divinités célestes, qui, descendant depuis le Souverain du Ciel, jusques aux Puissances mystérieuses de la Terre, aggrandissoit, aux yeux des mortels, le Dieu qu'une Religion fabuleuse n'avoit pas craint d'assimiler à leur nature.

Qu'on me pardonne ces digressions; je ne les crois point indifférentes; c'est un caractère distinctif des grandes vérités, que d'exister par-tout sous diverses formes, & cette auguste-empreinte a toujours captivé mon attention, dans toutes les recherches morales ou philosophiques, vers lesquelles la méditation m'a conduit.

Me rapprochant néanmoins de mon sujet, d'une manière plus directe, & continuant à préjuger les effets de la destruction des rangs sur la Majesté du Trône, je vois le Peuple entier, se désaccoutumant chaque jour de tous les genres de fupériorités, dénier infenfiblement la feule qu'on ait confervée ; je vois un Peuple entier, porté par les flots de l'égalité, s'approcher de, fi près du Monarque, que le Trône, ce dernier preftige, ne lui en impofera plus ; & bientôt, peut-être, il le confidérera comme une irrégularité dans le plan général de nivellement, dont il s'eft fait l'admirateur. Je vois encore une Nation, toujours extrême dans fes fentimens, exiger du Roi des François, les formes & les manières d'un particulier, & d'égalités en égalités, lui demander, en témoignage de fon patriotifme ou de fon efprit Conftitutionnel, l'abandon de fa dignité extérieure & jufques à l'oubli de fa grandeur. Qu'il fe garde bien de céder à ces goûts éphémères ; il facrifieroit à une popularité d'un moment, cet empire fur l'imagination des hommes, qui fait une partie de fa puiffance & de fes moyens d'autorité. Eh quoi ! dira-t-on, Louis IX n'étoit-il pas refpecté, lorfqu'il rendoit la juftice au pied d'un chêne ?

Henri IV ne l'étoit il pas, lorsque, dans un Acte de l'Hôtel-de-Ville, il se donna le titre de premier Bourgeois de Paris, ou lorsqu'il prenoit sa part d'un repas rustique à la table d'un paysan ? Oui, sans doute, ils l'étoient l'un & l'autre ; mais il est aisé de sentir que leur toute-puissance, par un brillant contraste, répandoit le plus grand éclat sur la simplicité de leur action. L'on ne s'étonne point non plus que Catinat, un jour de bataille, vint se mêler aux jeux de ses soldats ; il le fit après la victoire. Mais lorsque, par un changement de Constitution, un Monarque a perdu ses plus grandes prérogatives, & lorsque les droits de la Nation se sont étendus dans tous les sens, il est de l'intérêt général qu'aucune popularité familière ne mette jamais au hasard, le respect que l'on doit rendre à son rang & à sa personne. Ah ! combien d'idées sont unies à ce respect, & combien de réalités en dépendent ! Il faut, ou renoncer à la Monarchie, ou revêtir le Monarque de tous les carac-

tères impofans, qui conftituent fa dignité ;
& cette condition ne peut être remplie,
lorfque tous le rangs font détruits d'une
manière abfolue. Difons-le donc, pour me
réfumer: il n'y a point de liberté fans ordre
public, il n'y a point d'ordre public fans
Pouvoir Exécutif, il n'y point de Pouvoir
Exécutif, dans un grand Royaume, fans le
maintien de la Majefté Royale, & cette
Majefté ne peut fubfifter fans un rang mé-
diateur entre le Trône & le Peuple. Ainfi,
le fyftême de l'égalité, porté à fon dernier
période, loin d'être favorable à la liberté,
dans un Gouvernement Monarchique, lui eft
abfolument contraire.

Maintenant, & après de fi hauts apperçus,
faut-il defcendre à dire que l'exiftence de
deux ou trois cents, de trois ou quatre cents
Pairs du Royaume, dans un pays tel que la
France, feroit une fupériorité fi reftreinte,
qu'elle incommoderoit bien peu, ce me femble, la vanité de vingt-fix millions d'hommes?
Seroit on obligé de négocier avec un fenti-

ment si petit & si ridicule, quand on a prouvé
qu'il faut un accompagnement à l'idée d'un
Roi, qu'il faut au moins un échelon des
vastes chaines de l'égalité jusques à son rang
suprême; lorsqu'on a prouvé que ces considérations, de simples spiritualités en apparence, ont une telle substance, qu'elles forment l'essence d'une Monarchie; & lorqu'on
prouvera de même que ce genre de Gouvernement est nécessaire à une grande contrée,
soumise à une seule loi & à une seule Administration ? Cependant, & puisque la vanité dans tout son excès, la vanité dans toute
sa fermentation, doit être considérée comme
l'origine de nos malheurs, puisqu'on la voit
cette vanité, puisqu'on la reconnoit par mille
interstices, à travers le masque héroïque dont
elle se couvre, représentons-lui doucement,
& s'il le faut, avec humilité, que le sentiment de supériorité, entretenu par les dignités politiques, est d'une toute autre nature,
que l'orgueil inspiré par les dignités Cha-
pitrales; celles-ci ont besoin de soutenir,

par toutes sortes de prestiges, le respect que
la philosophie leur refuse ; les autres ont une
circonscription positive, & n'ont besoin d'em-
prunter aucun secours de l'illusion. La ligne
de démarcation des supériorités politiques,
est fixée par l'intérêt National ; & la Patrie
est de part dans les hommages qu'on rend
à des dignités qui sont son ouvrage, ou qui
ont été inventées pour le bien de l'Etat &
pour son service. Les Pairs du Royaume,
en Angleterre, doivent bien leur investiture
au Monarque, mais ils savent que la réalité
de leur rang dépend du maintien des loix
Constitutionnelles, établies dans leur pays ;
ils ne courent point, avec inquiétude,
après une opinion fantastique ; mais ils cul-
tivent, avec calme, une opinion qui fait
partie de la contexture entière du Gouvernement.

Tout est moral dans les dignités politiques,
tout est en accord avec l'utilité générale ; &
l'on ne peut pas les confondre avec ces distinctions, qui prennent sur les autres sans leur
rien rendre.

Eſt-il poſſible, cependant, que près des grandes conſidérations, auxquelles toutes ces réflexions ſont unies, ce ſoit encore au trébuchet de nos vanités qu'il faille les pèſer?

Je ne me permettrai plus qu'une obſervation dans le même ſens; on s'eſt élevé, avec raiſon, contre la multitude de titres qui exiſtoient autrefois en France; mais cette irritation, qu'on a tout-à-coup éprouvée, à l'ouïe des mots de Comtes ou de Chevaliers, ne tient pas uniquement à des dénominations dont perſonne n'étoit obligé de ſe ſervir; elle ſe rapporte bien davantage aux idées de ſupériorité qu'entretiennent les diſtinctions de naiſſance; mais, malgré nos efforts, ces idées reparoîtront ſous une infinité de déguiſemens; & le ton, les formes, les manières, ſerviront de ſupplément aux regiſtres publics. L'Aſſemblée eût donc mieux réuſſi dans ſon deſſein, elle eût atteint de plus près à ſon but, ſi, à l'imitation des Anglois, inſtituant une Chambre des Pairs, elle eût élevé ces grands chênes qui étouf-

fent tous les arbriffeaux, au lieu de chercher
à extirper, par le fer & par la violence, des
plantes dont la nature eft de renaître fans
ceffe.

Je dois encore, en traitant ici des intérêts
de la vanité, rappeler une obfervation préfentée dans mon dernier Ouvrage; c'eft que
l'inftitution d'une Chambre des Pairs releve-
roit, aux yeux de l'Europe, la qualité de
citoyen François; la confidération morale,
foumife aux mêmes loix que le relief, dans
les objets phyfiques, ne s'accordera jamais
avec une immenfe uniformité. C'étoit donc
une idée ingénieufe, dans les calculs de la
vanité, que d'affocier les nombreux Repréfentans d'un grand Peuple, à une claffe
d'hommes rendus refplendiffans par leur dignité; & l'on ne fupplée pas à ce genre
d'effet fur l'imagination, en fe guindant de toutes les manières, en s'adreffant des uns aux
autres la recommandation, *de prendre une*
attitude fière, une attitude impofante, & en
fe fervant encore d'autres phrafes pleines de

bouffiffure , & qui indiquent bien mieux les efforts de la vanité que fa réuffite. Je me fouviens d'avoir oui-dire à un homme d'efprit : Je méprife le public ; d'abord parce que j'en fuis.... Ce mot eft d'un grand fens dans l'application qu'on peut en faire ici ; il nous avertit que nous aurons toujours befoin d'aide pour refpecter la multitude & fes nombreux Repréfentans , & qu'il faut rompre, en quelque manière, fa monotonie , fi l'on veut établir , au milieu d'une immenfe fociété politique , un fyftême d'égards auquel l'imagination puiffe fe prendre & refter conftamment fidelle,

Ces habiles difpofitions font inutiles dans les petits Etats ; ce n'eft pas , cependant, que l'égalité parfaite y foit établie . mais les gradations de mérite fuffifent , dans les efpaces affez circonfcrits pour rendre ces gradations perceptibles ; & comme dans les petits efpaces encore, toutes les actions publiques peuvent être facilement rapprochées des loix de la raifon, le Gouvernement emprunte

prunte de cette augufte autorité, tout l'afcendant dont il a befoin. Aucune de ces
circonftances n'exifte dans les grands Etats ;
il faut donc néceffairement les organifer
d'une autre manière. Mais les hommes,
avant les leçons de l'expérience, ou lorfqu'ils
dédaignent ces leçons, ne preffentent que
foiblement les difparités qui font le réfultat
des différences d'étendue & des différences
de nombre ; ils prennent ces différences
pour de fimples nuances, tandis que, dans
le fyftême focial, elles compofent, fi je puis
m'exprimer ainfi, des fubftances abfolument
oppofées.

Difons-le donc clairement, & après avoir
examiné cette queftion fous différens rapports, le principe d'une égalité abfolue ne
peut s'adapter à une vafte contrée, foumife
à une feule loi & à une feule autorité.
L'on verra que, néceffairement, ou ce principe détruira le Gouvernement Monarchique, ou le Gouvernement Monarchique
ramènera des gradations de rang. Il falloit

donc, en confacrant ce genre de Gouvernement, abfolument nécelfaire à la France,
établir, en même temps, un Corps intermédiaire entre le Trône & le Peuple, & l'unir
habilement, comme l'ont fait les Anglois, à
la Conftitution politique de l'Etat.

Je voudrois bien encore qu'on nous expli-
quât, comment on entend concilier l'hérédité
du Trône, avec la deftruction de toutes fortes
de rangs intermédiaires entre le Monarque &
le Peuple, avec l'anéantilfement ou l'affoibliffement extrême de toutes les prérogatives
qui compofent la Majefté Royale. Cette hérédité, qui foumet aux hafards de la nature
les qualités du Prince, ne fauroit fubfifter
fans la perpétuité des fentimens de refpect,
inhérens à fon rang fuprême ; la tranfmiffion
non interrompue de ces fentimens, forme
la véritable fucceffion dans un Etat politique.
Ainfi, l'hérédité de la Couronne, dans une
même famille, par droit de primogéniture,
cette difpofition fi importante à la tranquillité
publique, ne peut être féparée des conditions

néceffaires pour affurer à l'autorité Royale ,
un éclat indépendant de la confidération perfonnelle du Monarque.

Les hommes, capables de réflexion , pouvoient aifément entendre les différentes vérités que je viens de préfenter ; mais dès que
les Légiflateurs , appelés à les enfeigner ,
ont mieux aimé fervir fous toutes les paffions & chercher leur fortune dans les
applaudiffemens d'un jour, ils étoient bien
fûrs , qu'en faifant de l'égalité parfaite une
maxime de politique , une maxime de
morale, une maxime de philofophie, ils trou-
veroient de nombreux Sectateurs ; car il n'eft
perfonne , qui, dans l'habitude de la vie
civile, ne regarde un fupérieur comme un
être incommode ; ainfi, dès qu'on avoit la
permiffion d'appliquer ce petit fentiment
aux grandes idées de Gouvernement, la
multitude des hommes devoit écouter ,
avec tranfport, ces nouvelles leçons. Ce
n'eft pas la foule qui peut analyfer une
vérité compliquée; & fon lot, dans le vafte

département de l'esprit humain, est de s'associer, par sentiment, aux opinions qu'on lui donne. Aussi, tous ceux qui se destinent à conduire la multitude, se bornent-ils à lui présenter une ou deux idées, & ils flattent bassement sa présomption, en lui disant que toute la science du Gouvernement est contenue dans un axiome. C'est ainsi, qu'au nom de l'égalité, on est venu à bout de lui persuader, que le plus libre, le plus heureux des Gouvernemens, le Gouvernement Anglois étoit tyrannique ; c'est ainsi, qu'au nom de l'égalité, on a réussi à lui faire peur de la division du Corps Législatif en deux Chambres, d'une institution adoptée de nos jours, par une République même, les Etats-Unis de l'Amérique. C'est ainsi, qu'au nom de l'égalité, on a su inspirer un éloignemet irréfléchi pour une médiation de rang, philosophiquement indispensable au maintien de la Majesté Royale. C'est ainsi, qu'au nom de l'égalité, on commandera, quand on voudra, le partage des terres, & que d'applaniffemens en applaniffemens, on établira, par l'uniformité, l'anarchie la plus complète. Regardez l'Univers, & vous verrez fi fon favant Architecte a rejetté les gradations & négligé les diftances ; c'eft par elles, au contraire, c'eft par un fyftême général de fubordination, que tout a pris fa place, & que l'harmonie du monde s'eft opérée.

Qu'on écoute les paroles d'un célèbre Ecrivain de l'antiquité.

« L'Etre Suprême fépara les élémens pour
» les mettre en paix : le feu, le plus léger
» de tous, alla briller dans les régions du
» Ciel ; l'air eut la feconde place, & la
» terre vint enfuite, fufpendue au milieu
» des ondes, par fa propre pefanteur ;
» l'eau n'eut que la quatrième place, &
» cependant elle affigna les limites du
» monde & ne lui permit plus de s'en
» écarter ; c'eft ainfi qu'en marquant aux
» élémens des places différentes, l'Au-

» teur de la Nature organifa l'Univers. » (1).

Ah ! qu'il eft heureux pour la race humaine, que nos Don Quichotes politiques ne puiffent pas aller délier les élémens & les mettre de pair ! ils feroient renaître le cahos, avant la fin de l'année ; & pour comble d'infortune, pour dernière cataftrophe, le fouvenir de leur génie périroit avec eux & avec nous.

----

(1) Hanc Deus & melior litem Natura diremit :
Nam cœlo terras , & terris abfcidit undas ;
Et liquidum fpiffo fecrevit ab aëre cœlum.
Quæ poftquam evolvit, cœcoque exemit acervo ,
Diffociata locis concordi pace ligavit.
Ignea convexi vis & fine pondere cœli
Emicuit, fummâque locum fibi legit in arce.
Proximus eft aër illi levitâte , locoque :
Denfior his tellus, elementaque grandia traxit ;
Et preffa eft gravitate fui. Circumfluus humor
Ultima poffedit , folidumque coërcuit orbem.

OVIDE, *Métamorphofes, Livre* Ier.

CHAPITRE XIX.

Que la Constitution Françoise a introduit les plus grandes inégalités.

Ce ne font pas de fimples dénominations conventionnelles qui forment, dans l'ordre focial, des fupériorités importunes; il faut, pour offenfer la vanité des uns & pour flatter l'amour-propre des autres, que ces fignes diftinctifs fervent à rappeler des avantages réels, ou à préfenter l'image de quelques droits honorifiques, confacrés par l'opinion.

Il pourroit donc exifter des inégalités, qui, fans être fufceptibles d'une défignation précife, feroient plus onéréufes & plus oppreffives, que les décorations & les titres dont on s'eft montré fi jaloux. Je vais dire comment la Conftitution Françoife a multiplié

B b iv

les inégalités de ce genre, & comment elle y
eft parvenue.

Les anciens Légiflateurs des Nations,
pour balancer les effets terribles de la puiffance du nombre, de cette puiffance, dont
le Peuple eft en poffeffion, avoient remis
la force morale entre les mains des Gouvernemens, & avoient cherché à contenir,
de cette manière, l'effor des paffions qu'en-
fantent l'ignorance & la mauvaife fortune.
Nous fommes venus renverfer ce prudent
équilibre, &, d'une même penfée, d'une
même combinaifon, nous avons détruit l'autorité de l'Adminiftration, nous avons affoibli
l'empire des fages, & après avoir confacré,
par une abftraction, la Souveraineté du Peuple, nous lui avons conféré tous les genres
de Pouvoir. Chacun, à l'afpect de ce nouveau maître, s'eft demandé par quels moyens
on pourroit le féduire, & par quelle forte
d'adreffe, on pourroit occuper le premier rang à fa Cour. C'étoit une trop petite
ambition, que de fe borner à tenir de lui

paffagèrement un Office Municipal, une place de Juge, un grade dans l'Eglife, & de difputer ces emplois à un nombre infini de concurrens. On a donc été plus jaloux encore de diriger les opinions du defpote & d'entrainer fes fentimens. Les uns ont nourri fes foupçons, les autres ont excité fes défiances & fa jaloufie, tous ont juftifié fes emportemens. Les agitateurs les plus hardis, ou les plus impatiens d'exercer leur empire, ont pris féance dans les tavernes, ou fe font mêlés aux groupes formés dans les lieux publics ; & là, felon leur convenance, felon leur paffion du jour, ils ont fucceffivement irrité les efprits contre le Roi, contre la Reine, contre les Souverains étrangers, contre les Miniftres, contre les Magiftrats, contre tous les hommes marquans dans l'ordre focial; & quand ils l'ont voulu, ils ont dirigé les fureurs populaires & contre les Propriétaires & contre les propriétés. En même tems une autre claffe d'hommes, ambitieux d'une domination plus

étendue, ont composé des Écrits à la portée
de toutes les classes de la société ; & mêlant
au récit des événemens les maximes les
plus licentieuses & les principes les plus
dangereux, ils ont semé par-tout l'esprit
d'indépendance & d'irréligion ; ils ont donné
le nom de fanatisme à la piété, le nom de
vexation aux lois d'ordre, le nom de tyrannie à la plus foible autorité, & le nom plus
terrible encore d'Aristocratie, à toute espèce
d'opinion, contraire à leur doctrine & à
leurs enseignemens. Et plusieurs d'entr'eux,
écrivant leurs feuilles avec la pointe d'un
poignard, ont calomnié sciemment les Citoyens les plus honnêtes, & les ont dénoncés,
sans scrupule, aux fureurs d'un Peuple
aveuglé.

Voilà cependant les autorités nouvelles
qui se sont élevées dans l'État, voilà les
diverses supériorités que la Constitution a
produites, voilà les inégalités réelles qui
ont pris la place des vaines distinctions, dont
on a célébré la destruction avec tant de

faſte. Ah ! quels titres inventerons-nous pour
exprimer la ſuprématie de ceux qui peuvent,
ſans riſque , ameuter le Peuple contre les
hommes publics & contre leurs opinions ;
qui peuvent, ſans riſque , provoquer des
inſultes envers le Monarque & envers les
ſiens ; qui peuvent, ſans riſque, faire abat-
tre mes bois, piller ma maiſon, incendier
mon château ; qui peuvent, ſans riſque ,
recommander un voyageur aux outrages de
la populace , ou contraindre eux - mêmes ,
par des menaces , un Cytoyen paiſible à
s'éloigner du lieu de ſa réſidence & du domicile de ſes pères ? Quels titres inventerons-
nous encore, pour exprimer la ſuprématie
de ceux qui ſont parvenus à ſe faire entendre du Peuple excluſivement, de ceux qui
occupent, par leurs feuilles journalières,
le temps précis que les artiſans ou les gens
de campagne peuvent donner à la lecture ;
de ceux qui gouvernent ainſi ce Peuple avec
des menſonges ; de ceux qui lui inſpirent
les ſentimens & les paſſions dont ils ont

deſſein de faire uſage, & qui l'affranchiſſent insenſiblement de tous les liens néceſſaires au maintien de la ſubordination ſociale ? Oui, quels titres inventerons - nous pour tous ces Puiſſans ? Ah ! nommons-les, Ducs, Archiducs, Princes & Vices-Rois, & promettons-leur par contrat les plus profondes révérences, à condition qu'ils nous laiſ-ſent ſauves la vie & la fortune, à condition qu'ils s'engagent à reſpecter la Morale & la Religion ; & nous aurons fait un bon échange, & nous aurons ſouſcrit, dans ce moment, au meilleur de tous les traités. Car, je le dis encore, voilà les maîtres qui nous ont été donnés par une Conſtitution, qui a remis le ſceptre entre les mains des hardis conducteurs de la multitude ; voilà l'épouvantable Ariſtocratie que cette Conſ-titution a élevée ; & nous oſons parler d'éga-lité ! & nous oſons nous glorifier de notre prétendu ſyſtême de nivellement ! Ce ne ſont plus les ſupériorités des temps précédens, que nous appercevons, mais de plus effrayantes leur ont fuccédé. Nous avons déchiré les parchemins qui déféroient des prérogatives honorifiques aux anciens Chevaliers Fran-çois ; mais nous avons donné des brevets d'audace & d'impunité à des hommes étran-gers à tous les fentimens généreux ; nous avons abattu les girouettes des Châteaux, mais nous avons élevé de toutes parts des torches incendiaires ; nous avons détruit les pigeons des Seigneurs, mais nous avons peuplé les campagnes de tyrans altérés de fang ; nous avons brifé les pierres faftueufes qui couvroient la cendre inanimée des morts, mais nous avons feellé, nous avons envi-ronné d'un affreux filence les abîmes ouverts à la fépulture des vivans.

On a fubftitué par-tout la menace à la douce loi des égards, & la libre fureur des vengeances, à l'efficace interpofition d'une autorité refpectée. On a facrifié le Gouver-nement à la crainte du defpotifme, & fur le champ l'on a vu naître une multitude de tyrans, qui, en célébrant hypocritement les douceurs & les charmes de l'égalité, ont étendu leur joug sur les propriétés, sur les personnes, sur les opinions & sur les consciences. Ils ne sont pas sortis, comme on pourroit le croire, de cette terre que Cadmus avoit ensemencée avec les dents du serpent ; mais ils doivent leur origine à ces germes funestes d'anarchie, qui ont altéré la végétation du sol moral de la France, & l'ont rendu fécond en esprits sauvages & en génies malfaisans.

CHAPITRE XX.

Dernière réflexion sur le paralèle des deux Conſtitutions de France & d'Angleterre.

L'ASSEMBLÉE Nationale de France, qui vouloit à tout prix de la gloire, & qui ſe trouve aujourd'hui ſi déconcertée, avoit une route ouverte, pour arriver à ce terme, le premier objet de ſes vœux. Quel rôle magnifique elle pouvoit jouer, au milieu des Nations, ſi occupée à rédiger un Code de lois pour un grand Peuple, elle eût raſſemblé vers un centre ſes idées éparſes, & ſe fût rangée, en quelque manicre, autour de la Conſtitution politique la plus renommée de l'Europe, avec le noble deſſein de la prendre pour modèle, dans toutes les diſpoſitions qui pouvoient convenir à la France & qui n'avoient pas été contredites par l'expérience ! Les Anglois, car on préſume bien que c'eſt de ! leur Gouvernement que je parle, ſe feroient empreſſés eux-mêmes de nous dénoncer les corrections dont leur ſyſtême politique avoit beſoin; & toutes les Nations, attentives à l'examen qui devoit précéder la plus augufte des adoptions, auroient été perſuadées, que c'étoit de leurs intérêts qu'on traitoit à l'avance, puiſque la même liberté politique une fois établie chez deux Peuples rivaux & les premiers de l'Europe, ce double exemple d'une liberté ſans déſordre, auroit acquis une telle autorité, qu'entraînant avec force toutes les opinions, il auroit fait la deſtinée du Monde.

Il eût fallu ſe proſterner devant des Légiſlateurs qui auroient ſuivi cette marche; & loin qu'un ſage eſprit d'imitation leur eût rien fait perdre en renommée, la terre entière eût rendu des hommages à la moralité de leurs intentions & aux heureux effets de leurs ſoins généreux. Quelles idées ingénieuſes, quels traits d'originalité auroient pu être mis en parallèle avec une ſemblable réuſſite !

réuffite ! & c'eft toujours par le réfultat de leurs travaux qu'on apprécie les Légif-lateurs; ils touchent , dans l'exercice de leur Pouvoir, à une telle immenfité d'intérêts , qu'il eft impoffible de les en féparer, & de leur faire un fort, à part du bonheur & du malheur des Nations.

Toutes les ambitions , tous les genres de gloire , ne conviennent pas non plus à un corps collectif. Les honneurs d'une méta-phyfique primitive ne reftent jamais en propre à aucune Affemblée; car on ne fup-pofe point que le grand nombre ait pu percer dans ces arrière - retraites, où l'efpace fe rétrécit toujours en remontant ; & c'eft par ce motif, entre beaucoup d'autres, que le fuccès eft la feule gloire qui puiffe fuf-fire à un grand partage.

C'étoit donc d'idées pofitives , que les Légiflateurs de la France devoient s'envi-ronner ; c'étoit à des réalités qu'il leur im-portoit de s'attacher. Le long chemin, qui prend fon commencement à l'origine des

chofes, avoit été décrit par tant de voya-
geurs, que l'Affemblée Nationale n'avoit pas
befoin de s'engager dans la même route,
pour nous le faire connoître. Elle nous
eût bien mieux inftruits, elle nous auroit
bien mieux fervis, fi, la Conftitution d'Angleterre à la main, elle fe fût demandé ouvertement & publiquement : Qu'aurions - nous à ajouter à cette Conftitution,
pour affurer davantage l'ordre public ? Qu'aurions-nous à retrancher des diverfes autorités dont elle eft compofée, afin de per-
fectionner le fyftême de la liberté ? Quelles
inftitutions nouvelles aurions-nous à prépa-
rer, pour étayer plus fûrement la moralité
du Peuple ? Ces premières queftions auroient
amené toutes les autres ; & bien loin alors
que le Pouvoir Exécutif eût pu refter parfaitement oublié, chaque partie de ce Pouvoir auroit été recenfée , & l'on auroit
connu, fi, parmi les prérogatives attribuées
au Monarque Anglois, il en exiftoit d'inutiles au maintien de l'ordre public & à

l'action du Gouvernement. On auroit vu,
peut-être, que l'étendue de l'Armée de ligne
rendoit raisonnable une circonscription dans
le nombre des grades qui seroient laissés
à la nomination du Prince ; on auroit vu de
même, que, dans un Royaume aussi vaste
que la France, des Administrations collec-
tives réunissoient de grandes convenances ;
mais qu'il étoit indispensable de les soumettre au Pouvoir Exécutif suprême, par tous
les liens & tous les rapports qui constituent
une véritable dépendance. On auroit vu,
peut-être, que ces mêmes Administrations
pouvoient servir à éclairer, d'une manière
régulière, & à resserrer même, dans un
cercle, les divers choix remis à l'autorité
du Monarque. On auroit vu, peut-être, que
l'on pouvoit adopter un terme moyen entre
la brièveté de nos Législatures & la lon-
gueur des Parlemens. On auroit vu, peut-
être, que le nombre des Pairs du Royaume
devoit être limité, & leur nomination soumise à de certaines conditions. On auroit

fur-tout évité, comme l'a fait fagement l'Affemblée Nationale, l'inégale diftribution des
droits de repréfentation. On auroit encore
prévenu les élections turbulentes, dont l'Angleterre préfente fouvent le fcandale, en
adoptant, ou les moyens dont nous faifons
ufage, ou d'autres encore plus propres à
remplir le même but. Enfin, toujours en
refpectant les grands principes & les grands
moyens, qui forment, enfemble & de concert, ce lien fi difficile entre l'ordre & la
liberté, entre l'action de l'autorité & la
moderation des Pouvoirs, on eût apporté
à la Conftitution d'Angleterre tous les amendemens que la raifon & l'expérience auroient
confeillés. Quel monument fuperbe on auroit
elevé, fi l'on n'avoit pas voulu que tout fût
neuf, ou en eût l'apparence! fi l'on n'avoit
pas voulu que chaque pierre de l'édifice
fût marquée du figne de notre imagination,
& datée de l'Ere de notre génie! Ah! que
la vanité nous a fait de mal! Il exiftoit,
là, un Gouvernement, où la tranquillité, la

confiance, l'ordre public, & le mouvement
régulier de l'Adminiftration fe trouvoient
unis à la plus parfaite liberté civile & politique; & nous avons fait, ici, un Gouvernement, où le défordre eft par-tout ; où tout
le monde commande, où perfonne n'obéit ;
où la loi du plus fort eft la feule obfervée ;
où la liberté n'eft qu'en devife, la morale
en maxime, & le bonheur en vanterie. Mais
avant d'arrêter plus particulièrement notre
attention fur les triftes effets de nos fautes
& de nos erreurs, avant de jetter un dernier regard fur l'état de la France, confi-
dérons encore, fous de nouveaux rapports,
le fujet important que nous avons entrepris
de traiter.

Fin du Premier Volume.

TABLE
DES CHAPITRES
Contenus dans le Tome Ier.

Fin de la Table.

www.ingramcontent.com/pod-product-compliance
Lightning Source LLC
Chambersburg PA
CBHW072006270326
41928CB00009B/1565